희망이
없어도
희망하며

희망이 없어도 희망하며

2024년 5월 8일 교회 인가
2024년 6월 24일 초판 1쇄 펴냄

지은이 · 손희송
펴낸이 · 정순택
펴낸곳 · 가톨릭출판사
편집 겸 인쇄인 · 김대영
편집 · 박다솜, 강서윤, 김소정, 김지영
디자인 · 정호진, 강해인, 송현철, 이경숙
마케팅 · 황희진, 안효진

본사 · 서울특별시 중구 중림로 27
등록 · 1958. 1. 16. 제2-314호
전자우편 · edit@catholicbook.kr
전화 · 1544-1886(대표 번호)
지로번호 · 3000997

ISBN 978-89-321-1906-9 03230

값 16,000원

ⓒ 손희송, 2024.
성경 · 전례문 · 교회 문헌 ⓒ 한국천주교중앙협의회, 2024.

이 책은 저작권법에 의해 보호를 받는 저작물이므로 무단 전재와 무단 복제를 금합니다.

가톨릭의 모든 도서와 성물을 '**가톨릭출판사 인터넷쇼핑몰**'에서 만나 보실 수 있습니다.
http://www.catholicbook.kr | (02)6365-1888(구입 문의)

창세기에 담긴 하느님의 약속

희망이 없어도 희망하며

손희송 지음

가톨릭출판사

머리말

성경의 첫 번째 책인 창세기에는 다양한 이야기가 나옵니다. 세상과 인간의 창조, 첫 인간과 낙원, 아담과 하와의 범죄, 카인과 아벨 형제, 노아의 홍수, 바벨탑 그리고 아브라함과 그의 후손, 이사악, 야곱, 요셉의 이야기 등입니다. 각각의 이야기에 담긴 고유한 메시지를 찾아보는 것도 재미있겠지만, 다양한 이야기들을 관통하는 '끈'을 찾아보는 것도 '보물찾기'처럼 흥미로운 작업일 것입니다.

저는 창세기의 여러 이야기를 '희망'이란 끈으로 엮어 보려고 했습니다. 인간은 희망 없이는 살 수 없는 존재라고 할 만큼 희망은 인간 삶에 결정적인 역할을 하기 때문입니다. "우리는 희망으로 구원을 받았습니다."(로마 8,24)라는 바오로 사도의 말처럼 희망은 우리 구원과도 직결됩니다. 또한 "네 믿음이 너를 구원하였다."(마르 5,34)라는 예수님 말씀처럼 믿음이 우리를 살리듯이 희망도 우리를 살립니다.

사실 성경의 여러 구절에서 '믿음'과 '희망'이 호환되어 사용될 정도로 서로 밀접하게 연결되어 있습니다. 이를테면, 히브리인들에게 보낸 서간은 "확고한 믿음을 가지고 하느님께 나아갑시다."(히브 10,22)라고 권유하는데, 바로 다음 절에서는 그 믿음이 "우리가 고백하는 희망"(10,23)이라고 표현됩니다. 마찬가지로 베드로의 첫째 서간에서도 믿음과 희망이 거의 동의어로 사용됩니다. "마음속에 그리스도를 주님으로 거룩하게 모시십시오."(1베드 3,15)라는 말은 그리스도에 대한 믿음을 뜻하는데, 이 말을 받아서 "여러분이 지닌 희망에 관하여" 대답할 준비를 언제나 하고 있으라고 권고합니다. 여기서 '희망'은 '믿음'과 똑같은 것입니다.

창세기를 희망의 관점에서 보려는 저의 의도는 오래전으로 거슬러 올라갑니다. 구체적인 계기는 가톨릭청년성서모임에서 주관하는 연수였습니다. 저는 1995년 1월 203차를 시작으로 다섯 차례에 걸쳐 창세기 연수를 지도했습니다. 연수 강의는 일반 신자들을 위한 피정 강의 혹은 본당 특강 정도의 수준으로 준비했고, 창세기에 담긴 메시지가 무엇이며 그것이 오늘날 우리의 삶에 어떤 의미가 있는지를 밝혀 보려고 했습니다.

저는 청년성서모임의 연수를 지도하면서 성경 말씀을 통해 하느님을 만나고 다시 신앙의 생기를 얻어 기쁘게 살아가는 청년들을 많이 보았습니다. 거기서 용기를 얻어 강의록을 계속 수정, 보충해서 창세기 연수 강의의 후반부는 《신앙인》(1999)으로, 전반부는 《나에게 희망이 있다》(2001)라는 제목을 붙인 소책자로 출판하기에 이르렀습니다. 이제 두 책을 합쳐서 새로운 모습으로 내놓습니다. 큰 틀은 그대로 유지하면서 부분적으로 내용을 보태거나 빼고, 고치기도 했습니다.

20여 년 전에 두 책을 낼 때 제가 성경의 전공자가 아니라서 혹시라도 잘못된 해석을 하지 않을까 하는 염려가 들기도 했습니다. 하지만 모든 성직자는 자신에게 "맡겨진 신자들과 더불어 하느님의 말씀의 한없는 보화를 …… 나누어야 한다."(〈계시 헌장〉 25항)라는 제2차 바티칸 공의회의 당부를 기억하면서 염려를 가라앉히고는 했습니다. 그 당부를 새롭게 마음에 새기며 새 책을 내고자 결심했습니다. 청년성서모임 연수에서 했던 제 부족한 강의가 성경 말씀을 맛 들이는 데에 다소 보탬이 되었듯이, 이 책이 계속 그런 역할을 하기를 바랍니다. 무엇보다 2027년 여름에 우리나라에서 개최될 '서울 세계청년대회WYD'를 앞두고 청년들이 성경 말씀을 통해 하느님을 만나는 데 작은 도움이라도 되기를 기원합니다.

저는 세계청년대회를 준비하는 과정에서 청년들이 하느님께서 얼마나 좋은 분이신지를 깨달음으로써 신앙의 기쁨과 보람을 느끼도록 돕는 것이 꼭 필요하다고 생각합니다. 신앙의 기쁨과 보람을 느끼게 되면 적극적으로 신앙생활을 할 뿐만 아니라 투신의 열정도 생깁니다. 우리 청년들이 본당이나 학교, 직장에서 기도 모임, 성경 공부 그룹 등을 통해 "바르고 착한 마음으로 말씀을 듣고 간직하여 인내로써 열매를 맺는 사람들"(루카 8,15)로 성장하면, 기꺼이 주님과 교회를 위해 헌신하고자 다짐하게 될 것입니다. 그러면 세계청년대회가 성공리에 치러질 것은 물론이고, 다음 세대로의 신앙 전수도 수월하게 이루어지지 않을까 싶습니다.

이 책을 통해 1995년부터 2013년까지 저와 함께 창세기, 탈출기, 마르코 성서 연수를 했던 연수생들에게 감사의 마음을 전하고 싶습니다. 각자 나름대로의 고민과 어려움을 안고 연수에 참여했다가 하느님 말씀에서 힘을 얻어 밝은 얼굴로 다시 자기 삶으로 돌아가는 청년들의 모습을 지켜본 것이 제게는 큰 은총이며 행복이었습니다. 그 청년들이 어떤 상황에 있든지 계속 하느님과 그분 말씀 안에 머물면서 거듭 희망과 용기를 얻기를 기원합니다.

《신앙인》과 《나에게 희망이 있다》는 생활성서사에서 출간했습니다만, 두 책의 합본은 가톨릭출판사에서 내게 되었습니다. 넓은 마음으로 양해해 주신 생활성서사에 감사드립니다. 아울러 하느님께서 흙으로 형상을 빚고 숨을 불어 생명체를 만드셨듯이, 세심한 손길로 원고를 다듬고 정성을 불어 넣어 새로운 책으로 만들어 주신 가톨릭출판사 관계자들에게도 깊이 감사드립니다.

책의 출판을 준비하던 중 2024년 3월 13일에 프란치스코 교황님께서는 저를 의정부교구 제3대 교구장으로 임명하셨습니다. 교구 설립 20주년을 맞이한 의정부교구의 교형 자매 여러분과 사제, 수도자들에게 이 책을 바칩니다.

2024년 성요셉 성월에
손희송 베네딕토

차례

머리말 / 5
글을 시작하며 / 12

1장 창조주 하느님, 희망의 근거 | 창세기 1장

희망 찾기 / 23
세상과 인간을 긍정적으로 보아야 할 이유 / 34
쉼과 여유 / 53

2장 하느님, 인간의 근원 | 창세기 2장

하느님과 함께해야 하는 인간 / 62
남자와 여자로 창조된 인간 / 71
낙원의 의미 / 90

3장 자비의 하느님, 죄인의 희망 | 창세기 3-11장

낙원을 깨뜨린 인간 / 97
죄와 벌 / 102
하느님의 자비 / 111
인간의 죄보다 큰 하느님의 자비 / 114

4장 아브라함, 하느님께서 마련하신 희망의 등불
| 창세기 12-50장

하느님의 말씀을 듣고 따르는 사람 / 135
길 떠나는 사람 / 143
감사할 줄 아는 사람 / 150
잘못을 통해서도 배우는 사람 / 159
평화를 심는 사람 / 168
죄인을 위해 중재하는 사람 / 187
하느님 약속의 실현을 믿는 사람 / 196
가장 소중한 것을 바치는 사람 / 203
하느님께 선택된 사람 / 214
참된 자유인 / 221

맺음말 / 234
주 / 240

글을 시작하며

성경의 첫 번째 책인 창세기에는 세상과 인간이 어떻게 생겨났는지에 대한 이야기가 나온다. 저절로 생겨난 것이 아니라 하느님에 의해 창조되었다는 것이다. 곧 하느님께서 엿새 동안 인간을 포함한 세상 만물을 창조하셨다(창세 1장). 또한 하느님께서 흙으로 사람 형상을 만들어 숨을 불어넣어 남자를 만드시고, 그 남자의 갈빗대 하나를 뽑아서 여자를 만드셨다(창세 2장).

그런데 현대 과학은 우주와 세상의 시작, 인간 기원에 대해 창세기와는 아주 다르게 설명한다. 우주 물리학자들은 적어도 150억 년 전에 이른바 '빅뱅'이라고 하는 대폭발로 우주가 시작되었다고 주장한다. 그 대폭발이 있고 나서 오랜 세월을 거치면서 천체가 형성되었는데, 그 과정에서 태양계가 생기고, 해와 달 그리고 지구가 형성되었고, 지구 안에 육지와 바다가 생겨나고, 바다에서 미생물이 생기고, 그것이 진화하고 발전하여 인간에 이르렀다는 것이다.

그러면 성경에서 이야기하는 것과 과학에서 주장하는 것 중에서 어느 것이 사실인가? 성경 말씀대로 '창조론'을 믿어야 할까, 아니면 현대 과학이 주장하는 '대폭발설'과 '진화론'을 수용해야 할까? 자주 반복되는 이런 유형의 질문에 대답하기 위해서는 먼저 창세기 본문의 문학적 특성을 올바로 알아야 한다.

창세기의 첫 부분을 쓴 저자들은 세상의 시작에 대해 과학적으로 엄밀하고 상세하게 서술하려는 데에 목표를 두지 않았다. 단순하고 소박한 이야기 형식으로 사람들에게 하느님에 대한 중요한 진리를 가르쳐 주려고 했다. 창조 이야기는 자연과학적 지식을 전달하려는 게 아니라 '구원을 위한 앎'을 전달한다. 갈릴레오 갈릴레이(1564~1642년)는 이런 점을 정확하게 파악하고 있었다.

"(성경에서) 성령의 뜻은 우리에게 천체가 어떻게 돌아가는가를 보여 주려는 것이 아니라, 우리가 어떻게 하늘나라로 나아가는지를 보여 주는 데 있다."[1]

그러므로 창세기 1-2장이 전하는 창조 이야기를 자연과학적 기록처럼 읽으려 한다면 초점을 잘못 맞춘 것이다. 이는 '흥부 놀부 이야기'를 역사적 기록으로 받아들이는 것과 비슷하다. 사람들에게 권선징악을 가르치는 것을 목표로 하는 교훈적인 이야기에서 역사적 사실을 캐묻는다면 문제가 될 수밖에 없다.

텍스트 해석을 올바로 하기 위해서는 본래 글의 성격에 맞게 질문을 던져야 한다. 창조 이야기의 저자가 전혀 의도하지 않았던 우주와 세상의 형성 과정에 관해 물을 것이 아니라, 원래 전하고자 했던 메시지가 무엇인지를 살펴보아야 할 것이다. 창조 이야기에서 '역사적으로 과연 무슨 일이 일어났는가?'라는 질문을 던질 것이 아니라 '세상과 인간의 근원은 무엇인가? 인간은 과연 어떻게 살아야 하는가?'라는 실존적 질문을 던지고, 그에 대한 답을 얻으려고 해야 한다.

창조 이야기가 담고 있는 메시지가 무엇인지를 알아보기 전에 한 가지 더 생각할 것이 있다. 오늘날 가톨릭 교회는 우주의 생성에 관한 현대 과학자들의 견해나 진화론이 창조 신앙과 필연적인 대립 관계에 있다고 보지 않는다는 점이다.

요한 바오로 2세 성인 교황(1978~2005년 재위)은 1996년 10월 23일 교황청 아카데미에서 가톨릭 교회는 진화론을 진지하게 받아들인다고 천명했다.

"새로운 지식으로, 이제 인간이 생명의 초기 형태에서 서서히 발전한 산물이라는 찰스 다윈(1809~1882년)의 진화론이 가설 이상이라는 사실을 인정하게 되었습니다."

아울러 교황은 이 발언을 통해 창조론이 배제되지 않는 한 진화론은 교회의 가르침과 어긋나지 않는다는 점을 분명하게 밝혔다.

그러면 어떻게 창조론을 배제하지 않으면서도 현대 과학의 주장을 수용할 수 있을까? 교황청 문헌은 이에 대해 상세한 설명을 하지는 않지만, 몇몇 현대 신학자들의 의견을 빌려서 이렇게 설명할 수 있겠다.

'대폭발'에 의해서 우주가 시작된 것이 사실이라고 하더라도 그 폭발이 있게 한 원인은 무엇인가? 자연적으로 또는 우연히 그렇게 된 것인가? 이에 대해서 과학자들도 정확한 대답을 할 수 없을 것이다. 과학자들은 만물이 '어떻게' 형성되었는가 하는 '현상'과 '방법'에 대해서 설명할 뿐이고 만물의 근원에 관해서는 설명할 수 없다. 창세기는 바로 그 근원에 대한 해답을 준다. '인간을 포함한 만물은 모두 하느님 안에 근거를 두고 있다.'라고 말이다.

그래서 성경을 하느님의 말씀으로 받아들이는 그리스도인은 우주의 시작이 된 대폭발이 결코 우연이 아니라 바로 창조주 하느님에 의해 이루어졌다고 신앙 안에서 고백할 수 있다. 또한 진화론을 따르는 사람들의 주장대로 인간이 미생물에서 점차 진화했다고 하자. 그런데 그 진화가 저절로 이루어졌을까? 진화 과정에서 여러 가지 가능성이 열려 있었는데, 그중에서 유독 인간이 출현하는 방향으로 진화했다는 것이 과연 우연일까? 설사 한 단계에서 다른 단계로 진화하는 것이 가능하다고 전제할 때, 그것을 가능하게 한 추진력은 어떻게 설명할 수 있을까? 진화 과정을 주도하고 추진한 '힘' 뒤에는 하느님께서 계신다고 믿을 수도 있지 않을까?

현대 과학은 우주와 인간의 생성에 관한 현상은 설명할 수 있지만, 그 현상을 가능하게 한 '원인'과 '힘'에 대해서는 긍정도 부정도 할 수 없다. 그 '원인'과 '힘'을 받아들이는 것은 이성이 아닌 오직 신앙적 결단, 정확하게 말하면 '이성적 관찰에 근거한 신앙적 결단'에 의해서만 가능하다.

그리스도교 신앙인은 우주의 시작과 형성 그리고 생물의 진화가 가능하게 했던 힘의 원천이 바로 하느님이고, 이런 의미에서 하느님께서 세상을 창조하셨다고 믿고 고백한다. 다행스럽게도 오늘날에는 이런 창조 신앙을 학문적으로 뒷받침하는 과학자들이 늘어난다. 이를테면 저명한 물리학자 스티븐 호킹 박사(1942~2018년)는 '대폭발'에서 '종교적 암시'를 읽었고, '초자연적 존재'를 상상했다면서 이렇게 말한다.

> "우주가 왜 꼭 이런 식으로 시작되어야 했는지, 우리 같은 인간을 탄생시키려는 신의 의도적인 행위로밖에는 달리 그 이유를 설명하기가 매우 어렵다."[2]

세계 최고의 유전학자 프랜시스 S. 콜린스 박사(1950~)도 호킹 박사의 의견에 동의하면서 "지적 생명체를 탄생시킬 조건을 갖추는 일은 우연이 아니며 우주를 맨 처음 창조한 바로 그 존재가 개입한 결과임을 알 수 있다."[3]라고 말한다. 이렇게 볼 때 현대 과학의 주장을 받아들이면서 창조 신앙을 견지할 수 있는 길이 가능하다는 것을 알 수 있다.

창세기 1-2장에 나오는 창조 이야기를 지극히 현대적인 시각으로 바라보면서 진화론과 창조론의 갈등만을 생각하는 이들이 적지 않다. 안타깝게도 이들은 창조 이야기에 담긴 소중한 메시지를 놓친다. 지금으로부터 수천 년 전에 전혀 다른 세계와 환경에서 살던 창세기 저자들은 세상과 인간의 시작에 대해 과학적으로 엄밀하게 따져 말할 수 있는 상황에 있지 않았다. 그들은 세월이 지나면서 조금씩 밝혀질 과학적 진실이 아니라, 영구불변하는 신앙의 진리를 전하고자 했다.

창세기 이야기의 저자들이 전해 주고자 했던 구원의 메시지는 단순하고 명료하다.

'세상과 인간은 하느님께 그 기원을 두고 있다. 원래 하느님께서는 세상을 좋게 창조하셨고, 남녀 인간을 당신 모습대로 창조하셨다. 첫 인간의 잘못으로 시작된 악이 점점 더 커져서 기승을 부리고 악의 세력에 편승하여 인간은 생명의 길에서 벗어나 파괴의 길로 들어서서 방황해 왔다. 그럼에도 하느님께서는 궁극적으로 인간의 구원과 행복을 위해 애쓰신다.'

이제 위대한 옛 스승인 창조 이야기의 저자들이 전해 준 메시지를 자세히 살펴보기로 하자.

1장

창조주 하느님, 희망의 근거

창세기 1장

창세기에 나오는 두 가지 창조 이야기 중에서 첫 번째 이야기(창세 1,1-2,4)는 성경의 첫머리에 위치하지만, 실상은 오랜 세월이 흐른 다음에 쓰였다. 이스라엘 백성의 조상인 아브라함과 이사악, 야곱의 이야기, 이집트에서의 탈출, 광야에서 40년의 방랑 끝에 가나안 땅에 정착, 판관들의 영도 아래 벌어진 주변 민족들과의 투쟁, 왕정의 설립과 이스라엘의 전성기였던 다윗과 솔로몬 왕조, 이어서 왕국의 분열, 두 왕국의 패망을 다 겪고 나서 쓴 글이다.

이스라엘은 솔로몬이 죽은 해인 기원전 933년에 남북으로 분리된다. 그러다가 북왕국 이스라엘은 721년 아시리아에 의해서 멸망하고, 남왕국 유다는 587년 바빌론 제국의 침공으로 예루살렘이 점령되면서 멸망한다. 이어서 유다의 왕족,

사제, 백성은 바빌론으로 유배를 간다. 이 유배 생활은 기원전 538년에 새로운 왕조를 시작한 페르시아 임금 키루스의 칙령에 따라 예루살렘으로 귀환할 때까지 약 50년 동안 지속되었다. 바로 이 기간에, 이민족의 땅인 바빌론에서 쓰라린 유배 생활을 하던 중에 유다의 사제들은 창세기 1장의 창조 이야기를 썼다. 그래서 이 기록을 '사제계 문헌'이라고 한다.

희망 찾기

바빌론에서 유배 중이던 유다의 사제들이 창조 이야기를 쓰게 된 배경에는 절박한 사정이 있었다. 이스라엘 백성은 이민족의 땅에서 오랫동안 유배 생활을 하면서 유배 이전에 철저히 지켰던 안식일도 제대로 지키지 않게 되었다. 그러자 사제들은 안식일 준수 정신을 되살릴 목적으로 창조 이야기를 작성했다. 창조주 하느님께서 엿새 동안 세상 만물을 만드시고는 이레째 되는 날에 쉬셨으니(창세 2,2-3) 인간 역시 안식일에는 쉬어야 한다는 것이다. 이것이 창조 이야기를 작성한 본래 의도였다.

하지만 사제계 문헌의 창조 이야기에는 단지 안식일을 잘 지키게 하려는 의도만 담긴 것이 아니었다. 안식일을 지키지 않는다는 것은 그만큼 하느님에 대한 신앙이 약해졌다는 증거였기 때문에 사제들은 이런 위태로운 상황을 극복할 방도를 찾아야만 했다. 그래서 그들은 창조 이야기를 통해서, 하느님에 대한 신앙을 잃어버릴 위험에 처한 이스라엘 백성들에게 다시 하느님에 대한 믿음과 희망을 심어 주려고 했던 것이다.

이스라엘 백성의 바빌론 유배 기간은 희망의 빛이 전혀 없었던 시기, 곧 칠흑같이 어두운 밤에 비유될 수 있는 시기였다. 백성을 보호해 주는 울타리 역할을 하던 나라가 바빌론에게 패망해서 영토마저 빼앗겼고, 이로 말미암아 하느님에 대한 신앙도 잃을 위험이 컸다. 원래 이스라엘 사람들은 큰 희망을 간직한 백성이었다. 일찍이 하느님께서 이집트에서 종살이하던 천덕꾸러기들을 모세의 영도 아래 '젖과 꿀이 흐르는' 가나안 땅으로 이끌어 주셨다. 또한 주변 민족에게서 침입을 받을 때마다 판관을 세워서 구해 주셨으며, 다윗에 이르러서는 강력한 왕권을 통해 부강한 백성으로 만들어 주셨다. 이어서 하느님께서는 다윗에게 그의 왕조가 영원히 지속될 것이라고 약속하셨다.

"나는 너를 모든 원수에게서 평온하게 해 주겠다.

> 더 나아가 주님이 너에게 한 집안을 일으켜 주리라고 선언한다. 너의 날수가 다 차서 조상들과 함께 잠들게 될 때, 네 몸에서 나와 네 뒤를 이을 후손을 내가 일으켜 세우고, 그의 나라를 튼튼하게 하겠다. …… 너의 집안과 나라가 네 앞에서 영원히 굳건해지고 네 왕좌가 영원히 튼튼하게 될 것이다."(2사무 7,11-16)

이 약속은 다윗의 아들 솔로몬에게도 거듭되었다(1열왕 9,3-9). 그 이후 이 약속은 매우 중요한 의미를 지니게 되는데, 하느님께서 이스라엘을 영원히 돌보신다는 약속은 다윗 왕조를 영원히 지속시키신다는 것과 직결되기 때문이었다.

그런데 그 약속의 보증이라고 할 수 있는 다윗 왕조가 바빌론의 침공으로 말미암아 완전히 끝장난 것이다. 또한 전쟁을 하던 와중에 솔로몬이 지은 웅장한 성전, 곧 하느님의 현존을 상징하는 성전도 파괴되었다. 게다가 이스라엘 백성은 하느님께서 주신 약속의 땅인 가나안 땅에서 쫓겨나 이민족의 나라 바빌론으로 유배를 가야만 했다. 하느님께서 이스라엘 백성과 함께하시면서 돌보신다는 약속의 표징인 다윗 왕조, 성전, 가나안 땅을 모두 잃은 것이다.

이런 상황에 직면하자 이스라엘 백성은 심각한 질문을 던질 수밖에 없었다.

'이스라엘을 돌보시겠다고 여러 번 약속하셨던 하느님께서 이제 우리를 완전히 버리셨다는 말인가? 그동안 철석같이 믿어 왔던 그분은 거짓 신이 아닌가? 아니, 그런 신이 과연 존재하기는 했나? 아예 이스라엘의 하느님을 버리고 강력한 바빌론의 신을 믿는 것이 더 낫지 않은가?'

이런 회의적인 물음에 대해, 그 당시 백성의 지도자이며 신앙의 스승이었던 사제들은 창세기 1장의 창조 이야기로써 대답한 것이었다. 그들은 이 이야기를 통해 이런 말을 하고자 했을 것이다.

'바빌론이 신으로 섬기는 해와 달과 별 등은 모두 우리 선조들이 믿어 온 하느님께서 만드신 것이다. 우리 하느님께서는 하늘과 땅, 바다, 해와 달을 만들어 내시고 다스리시는 능력의 주님이시다. 아무것도 없는 데에서 세상 만물을 창조하신 전능하신 분이시다. 비록 지금은 우리가 어둠 속에서 힘겹게 살아가지만, 해와 달과 세상을 창조하신 하느님께서는 언젠가 당신의 전능하신 손을 펼쳐서 우리를 어둠에서 벗어나게 해 주시고 다시 빛 속에서 살게 하실 것이다.'

이렇게 볼 때 창세기 1장의 창조 이야기는 능력의 창조주 하느님, 신의를 지키시는 하느님에 대한 믿음의 고백이자, 어둠에 굴하지 않고 희망의 빛을 찾으려는 노력의 표현이라 하겠다.

전능하신 창조주 하느님께 신뢰를 두면서 역경 속에서도 희망을 찾는 모습은 예수님에게서도 나타난다. 아마 예수님께서는 유다인이었던 어머니 마리아, 양부 요셉을 통해서 이스라엘 백성의 창조 신앙을 받아들이지 않으셨을까? 예수님께서 죄 외에는 우리와 똑같은 인간이셨다고 한다면, 다른 모든 사람처럼 당연히 부모에게서 영향을 받으셨을 것이다.

하느님에 대한 믿음에서 희망을 길어 내시는 예수님의 모습은 '씨 뿌리는 사람의 비유'(마르 4,1-9)에서 잘 드러난다. 농부가 어느 봄날, 들판에 나가 씨를 뿌린다는 이야기는 상당히 낭만적으로 들린다. 그러나 이 비유의 배경을 살펴보면 전혀 낭만적인 분위기가 아니었다.

예수님께서 이 비유를 들려주시기 전에 그분의 친척들은 예수님이 정신 나갔다며 붙잡으러 왔고, 백성의 지도자인 율법 학자들은 예수님을 마귀 우두머리 '베엘제불'이라고 비난한다는 내용이 나온다(마르 3,20-35). 분명 제자들은 이런 상황을 보면서 마음속으로 의문을 품었을 것이다.

'우리 백성이 그렇게 간절히 기다리던 메시아가 오셨는데 왜 이 모양 이 꼴인가? 백성의 지도자들은 물론 친척들까지도 이분을 반기지 않으니 어떻게 된 일인가? 예수라는 분이 정녕 메시아라면, 뭔가 분명하고 강력한 징표를 보여서 의심하는 사람이 없도록 만들어야 하지 않는가?'

한마디로 예수님께서 처하신 상황은 아름다운 장밋빛의 낙관적 상황이 아니라 오히려 그 반대였다. 그저 아무 힘 없는 무지한 사람들이나 예수님의 말씀에 귀를 기울이고, 똑똑하고 영향력 있는 이들은 의심과 반대의 눈초리로 예수님을 쳐다보고 있었다. 바로 이런 어렵고 부정적인 상황을 염두에 두고 예수님께서는 '씨 뿌리는 사람의 비유'를 들려주셨다. 이 비유에는 다음과 같은 메시지가 담겨 있을 것이다.

'농부가 뿌린 씨의 대부분이 헛되이 사라지더라도, 일부는 좋은 땅에 떨어져서 삼십 배, 육십 배, 백 배의 열매를 내지 않느냐? 이와 마찬가지로 지금 내 말과 행동이 배척받는 듯 보이지만, 그래도 일부 사람의 마음속에 받아들여져서 언젠가는 풍성한 결실을 거둘 것이다. 그러니 너희는 걱정하지 마라. 아무것도 없는 데에 세상 만물을 창조하신 하느님의

능력을 믿기만 하여라.'

예수님의 일생은 바로 이러한 믿음과 희망으로 점철되어 있다. 예수님께서는 십자가 죽음이라는 극도의 절망적인 상황 앞에서도 아버지 하느님에 대한 믿음과 희망을 버리지 않으셨다. 이런 점은 그분이 반대자들에게 체포되기 직전에, 겟세마니 동산에서 당신의 뜻이 아니라 아버지 하느님의 뜻이 이루어지기를 기도하신 데에서(마르 14,36), 그리고 십자가에서 숨을 거두시면서 "아버지, 제 영을 아버지 손에 맡깁니다."(루카 23,46)라고 말씀하신 데에서 분명하게 드러난다.

전능하신 창조주 하느님에 대한 믿음과 희망은 온갖 어려움과 고난을 극복하는 힘의 원천이 되었다. 이스라엘은 기원전 332년부터 기원전 142년까지 그리스의 속국이 되어 큰 고난을 겪었다. 그리스인들은 정치뿐만 아니라 종교 영역에서도 이스라엘 백성을 탄압했다. 그들은 강제적으로 이스라엘 백성의 신앙을 소멸시키려 했고, 이로 말미암아 하느님에 대한 신앙을 지키고자 목숨을 내놓는 순교자들이 속출하였다.

마카베오기 하권 7장에 보면, 한 어머니가 아들 일곱과 함께 순교하는 장면이 나온다. 이민족의 임금은 그들에게 율법에서 금하는 돼지고기를 먹으라고 강요하는데, 이는 하느님에 대한 신앙을 저버리라는 것과 마찬가지였다. 일곱 아들은 차례로 불려 나와 고문을 받다 혀와 손발이 잘려 목숨을 잃는다. 이런 참담한 광경을 보면서도 그 어머니는 아들들에게 주님에 대한 믿음과 구원의 희망을 잃지 말라고 격려한다.

> "사람이 생겨날 때 그를 빚어내시고 만물이 생겨날 때 그것을 마련해 내신 온 세상의 창조주께서, 자비로이 너희에게 목숨과 생명을 다시 주실 것이다."
> (2마카 7,23)

이렇게 창조주 하느님에 대한 신앙은 죽음의 위협도 극복하는 힘과 희망을 안겨 준다.

제2차 세계 대전 중 독일의 나치 정권은 유다인을 말살하려는 계획을 세우고, 모든 유다인을 한 장소(게토)에 모아들였다. 그러고는 그들을 강제 수용소로 이주시켜 죽이려 했다. 그때 폴란드의 수도 바르샤바의 한 게토에 갇혀 있던 유다인 청년은 시시각각 다가오는 죽음을 예감하면서도 벽에다 이런 글을 남겼다.

태양이 비치지 않을 적에도 태양을 믿노라.
사랑이 느껴지지 않을 적에도 사랑을 믿노라.
하느님이 보이지 않을 적에도 하느님을 믿노라.

이 글을 쓴 청년은 인간적인 눈으로 볼 때 절망만이 남은 상황에서도 희망을 잃지 않았다. 무에서 유를 창조하신 전능하신 창조주 하느님에 대한 신앙이 있었기에 칠흑 같은 어둠 속에서도 이런 희망의 빛을 간직할 수 있지 않았을까?

가톨릭 신자들은 매 주일 미사 때마다 '사도 신경'을 외우며 하느님께서는 창조주시라고 고백한다. 하느님의 창조 능력을 믿는다면 쉽게 절망하지 않는다. 하지만 실제로는 어려움과 역경을 겪으면 너무도 쉽게 믿음을 포기하고 희망을 버리는 경우가 많다. 신앙인에게 가장 큰 잘못은 하느님에 대한 믿음과 희망을 버리는 것이 아닐까?

예수님께서 친히 가르쳐 주신 '주님의 기도'에는 "저희를 유혹에 빠지지 않게 하시고"라는 청원이 나온다. 여기서 유혹이란 흔히들 생각하듯 윤리적인 잘못, 특히 성적인 잘못에 휘말리는 것이 아니라, 하느님에 대한 믿음을 잃는 것이다. 따라서 유혹에 빠지지 않게 해 달라는 청원은 다음과 같이 바꾸어 표현할 수 있다.

'세상살이의 어려움과 근심에 짓눌려서 하느님에 대한 믿음과 희망을 잃지 않게 해 주십시오.'

전통적으로 지옥은 불이 훨훨 타오르고, 머리에 뿔이 돋고 궁둥이에 꼬리 달린 마귀가 꼬챙이로 사람들을 불 속에 계속 밀어 넣는 곳이라고 상상해 왔다. 그러나 지옥은 다른 곳이 아니라 믿음과 희망이 사라진 곳이다.

중세 이탈리아의 작가 단테 알리기에리(1265~1321년)가 저술한 《신곡》 지옥편에 보면, 지옥의 문간에는 '이곳에 들어오는 자들이여! 모든 희망을 버릴지어다.'라는 의미의 글귀가 있다. 실낱같은 희망조차도 없는 곳이 바로 지옥이라는 말이다. 이런 의미의 지옥은 이미 현세에서도 시작될 수 있다. 한 가정 안에서 부부간에, 부모와 자식이 서로 믿지 못하고 의심하면서 미움과 증오 속에 산다면, 또 그런 뒤틀린 관계가 개선될 희망이 전혀 없는데도 계속 얼굴을 맞대고 살아야 한다면, 그것이 바로 '생지옥'이 아닐까? 인간에 대한 신뢰와 희망이 사라진 곳에서 지옥은 그 모습을 드러낸다.

지금까지의 이야기를 요약하면, 창세기 1장이 전하는 창조 이야기는 인생의 역경 속에서도 하느님에 대한 믿음과 희망을 간직하고자 하는 노력을 바탕으로 쓰였다. 창조 이야기의 저자는 우리에게 어떤 경우라도, 어떤 어려움을 당하더라도 하느님을 굳건히 믿으면서 끈질기게 희망을 지니라고 강력히 권고한다. 하느님께서는 무에서 세상을 창조하신 능력의 주님이시기에, 결코 불가능한 것이 없기 때문이다. 하느님을 창조주로 고백하는 신앙인이라면 어떤 경우나 상황에서도 전능하신 하느님에 대한 믿음에서 희망을 길어 내는 사람이 되어야 한다.

세상과 인간을
긍정적으로 보아야 할 이유

세상에 대한 긍정적 시각

창세기 1장에 의하면, 하느님께서 하루의 창조 사업을 마치신 후에 당신이 창조하신 것을 보고 좋아하셨다. "하느님께서 보시니 좋았다."라는 말이 무려 일곱 번이나 반복된 데에는 깊은 뜻이 담겨 있다.

이스라엘 백성은 오랜 역사 과정에서 인간과 세상 곳곳에 배어 있는 죄와 악을 무수히 체험했다. 이런 부정적인 체험은 세상과 인간을 회의적 시각으로 바라보기에 충분했다.

'세상과 인간이 왜 이렇게도 악한가? 처음부터 뭔가 근본적으로 잘못된 것이 아닌가?'

이스라엘의 역사, 특히 왕국의 분열과 패망, 바빌론 유배를 겪으면서 사람들은 이런 의문을 마음속에서 떨쳐 버릴 수 없었을 것이다. 이에 대해 창세기의 저자는 바빌론과 그 인근 지방에서 유행하던 신화의 양식을 빌려, 하느님께서 본래 세상을 좋게 만드셨다고 답한다.

바빌론의 창조 설화 '에누마 엘리쉬'에 따르면, 세상은 대립하는 세력 간의 투쟁에서 생겨났다. 빛의 신 '마르둑Marduk은 악한 용과 싸워 그 용을 죽이고 시신을 가르는데, 거기서 하늘과 땅이 생겨났고, 용의 피로 인간이 창조되었다는 것이다. 이렇게 세상과 인간은 악한 용의 시신과 피에서 나왔으므로 당연히 악할 수밖에 없다고 한다.[4]

이와 달리, 창세기의 저자는 세상은 하느님에 의해 좋게 창조되었다는 점을 강조한다. 그래서 하느님께서 "보시니 (참) 좋았다."라는 말을 무려 일곱 번이나 반복하셨다고 기록했다. 이를 통해 세상에는 악과 어두움이 가득 차 있어 보이지만 원래 하느님께서는 세상을 좋게 만드셨다는 메시지를 전한다. 비록 인간의 죄로 말미암아 세상이 오염되었지만, 어느 구석에는 본래의 선성善性이 숨겨져 있다는 말이다.

사실 세상에는 죄와 잘못이 넓게 퍼져 있고, 사람들 마음에 악이 깊이 뿌리를 내리고 있다. 그래서 창세기 6장에서는 하느님께서 "사람들의 악이 세상에 많아지고, 그들 마음의 모든 생각과 뜻이 언제나 악하기만 한 것"을 보시고, 사람을 만드신 것을 후회하셨다는 말까지 나온다(6,5-6). 시편의 저자도 인간 세상 전체가 죄와 악으로 물들었다고 탄식한다.

> "주님, 구원을 베푸소서. 충실한 이는 없어지고 진실한 이들은 사람들 사이에서 사라져 버렸습니다. 저마다 제 이웃에게 거짓을 말하고 간사한 입술과 두 마음으로 말합니다."(시편 12,2-3)

인간 세상에 죄와 악이 가득한 것은 사실이지만, 그렇다고 모든 것을 너무 비관적으로만 보면 부정적인 시각이 고착되기 쉽다. 창세기 1장의 창조 이야기의 시각은 부정 일변도가 아니다. 세상의 어두운 면을 있는 그대로 보면서도 긍정적인 측면을 간과하지 않는다. 하느님께서는 원래 세상과 인간을 좋게 창조하셨고, 그래서 지금도 그 자취를 곳곳에서 발견할 수 있기 때문이다.

세상에 대한 긍정적 시각은 사회가 어지럽고 혼탁할수록 더욱더 필요하다. 부정부패, 비리, 폭력, 사기, 거짓, 윤리적 타락 등은 우리의 마음을 어둡게 만들고 삶의 의미를 잃어버리게 한다. 그러나 세상에는 어둡고 험한 것만 있는 것이 아니다. 아직 우리 사회에서 온기를 느낄 수 있는 일이 곳곳에서 일어나고 있음을 잊지 말아야 한다.

몇 가지 예를 들어 본다. 2001년 8월 1일 경남 마산(현재 창원)에서 장사를 하는 40대 유 씨는 교통사고로 부친을 갑자기 잃었다. 80세 어르신이 건널목에서 레미콘 차량에 치여 세상을 떠난 것이다. 하지만 유 씨는 가해 운전사에게 한 푼도 받지 않고 선뜻 합의를 해 주었다. "가해 운전자가 잘못을 뉘우치고 있을 뿐만 아니라 아버지가 돌아가신 마당에 합의금을 받아 뭘 하겠느냐." 하며 아무런 조건 없이 합의서에 도장을 찍어 주었다. 합의를 했음에도 불구하고 가해 운전자는 교통사고처리특례법 위반 혐의로 구속됐지만, 유 씨는 선처를 부탁했다. 운전자 부부는 유 씨 가족의 선처에 감동하여 고마움의 눈물을 흘렸다. 그리고 "백배사죄해도 모자라는 마당에 너그럽게 용서해 준 유족에게 무엇으로 보답해야 할지 모르겠다."라면서 고인의 명복을 빌었다.

2011년 교통사고로 세상을 떠난 중국집 배달원 김우수 씨는 사후에 그 선행이 알려지면서 '기부 천사'라고 불리게 되었다. 김 씨는 부산 태생으로 미혼모의 아이였고, 일곱 살에 보육원에 맡겨졌다. 열두 살 때 보육원을 뛰쳐나온 탓에 초등학교도 마치지 못했다. 구걸, 양조장 허드렛일, 시장 지게꾼일 등 어렵고 힘든 생활을 했다고 한다. 소년원도 몇 차례 다녀왔고, 2005년에는 한 술집에서 "나를 무시하느냐?" 하면서 불을 지르려다 1년 6개월간 징역을 살았다. 자포자기했던 김 씨는 감방 안에서 우연히 어느 잡지에서 소년 소녀 가장 등 불우한 환경에 처한 어린이들이 쓴 이야기를 읽게 된다. 그들의 가슴 아픈 사연을 읽고 크게 감동한 김 씨는 앞으로 평생 어려운 처지에 있는 아이들을 도우며 살겠다는 결심을 한다. 김 씨는 출소 후 중국집 배달원으로 일하면서 5년 동안 한 달 월급 70만 원 중에서 25만 원은 자신이 거주하는 고시원 월세로 내고 5~10만 원을 어린이 재단에 후원금으로 내서 아이들 다섯 명을 도와주었다. 4천만 원짜리 생명 보험도 사후에 어린이 재단에 기부하는 것으로 정해 놓고, 장기 기증에도 서약했다. 안타깝게도 그는 2011년 9월 23일에 배달을 나가다가 자동차와 충돌하는 사고로 세상을 떠났다.

2015년 1월 10일에 발생한 '경기도 의정부 아파트 화재'로 많은 이들이 목숨을 잃고 다쳤다. 생지옥 같은 화재 현장에서 위험을 무릅쓰고 사람들을 구한 이들이 여럿 있었는데,

이들 중 한 사람은 20년간 고층 빌딩 등에 간판을 다는 일을 해 온 이 씨였다. 그는 작업할 때 '생명줄'로 쓰는 30m 밧줄을 항상 갖고 다녔는데, 아파트 화재 현장에 이 밧줄을 갖고 올라가 유독 가스에 질식될 위험에 처한 주민 열 명을 구해 냈다. 이런 선행 이야기를 듣고 감명을 받은 독지가篤志家 한 사람이 3천만 원을 성금으로 전하려 했는데 그는 한사코 거절했다. "이번 일로 칭찬을 받는 것은 정말 감사한 일이지만, 소중한 돈이 저보다 어려운 사람들을 돕는 데 쓰이기를 바란다."라면서, "내가 부자는 아니지만 매일 땀 흘려 일한 대가로 얻는 돈이 달콤하지, 시민으로서 같은 시민들을 도왔다는 이유로 돈을 받을 수는 없다."라는 말을 덧붙였다고 한다.

매해 연말이면 전북 전주시 노송동 주민 센터에는 익명의 기부자가 어김없이 나타난다. 2004년 4월, 한 초등학생을 통해 노송동 주민 센터에 58만 4천 원이 든 돼지 저금통을 보낸 것을 시작으로 20년째 선행이 계속되고 있다. 이 기부자는 이름도 직업도 밝히기를 거부해서 '얼굴 없는 천사'라는 별칭이 붙여졌다. 2023년 12월 27일 오전에도 노송동 주민 센터에 전화를 걸어 성금을 놓은 장소를 알려 주면서 '어려운 가정을 위해 써 달라'는 메시지만 남겼다. 주민 센터 직원들은 그가 말한 장소에서 종이 상자를 찾았는데, 거기에는 돈다발과 돼지 저금통, 쪽지가 들어 있었다. 그렇게 얼굴 없는 천사가 해마다 조용히 놓고 간 성금으로 연말에 불우 이웃 돕기에 사용하였는데, 2023년까지 누적 금액은 8억 8천만 원에 달한다고 한다.

2024년 1월 31일 밤, 경북 문경의 한 공장에서 불이 났다. 화재 현장에 사람이 있다는 말을 듣고, 문경 소방서 119구조구급센터 소속 두 대원, 김수광 소방장과 박수훈 소방교는 바로 불길 속으로 뛰어 들어갔다, 안타깝게도 두 사람은 몇 시간 후 숨진 채 발견되었다. 살신성인殺身成仁의 전형적인 예라고 하겠다.

진정 볼 눈만 있으면 주위에서 이런 사람들을 어렵지 않게 찾아볼 수 있다. 묵묵히 선을 행하는 사람들은 앞으로도 계속 나올 것이다. 세상이 악으로 가득 차 있어 어둡게만 보이는 듯하지만, 여기저기서 선의 등불을 밝히는 이들도 적지 않다. 세상의 악과 어둠을 외면해서도 안 되지만, 곳곳에서 선의 싹이 돋아나고 있음을 간과해서도 안 된다. 인간의 탐욕과 잘못으로 세상이 악에 물든 것같이 보이더라도 낙담할 이유가 없다. 하느님께서는 원래 세상을 선하게 창조하셨고,

그 선하심은 사람들의 마음속에 자리 잡고서 조용히 싹 트고 자라나 열매를 맺도록 인도하시기 때문이다.

사람에 대한 긍정적 시각

하느님께서는 세상은 물론 인간도 좋게 창조하셨다. 따라서 신앙인은 인간에 대해서 긍정적인 시각을 지닐 수 있어야 한다. 하지만 쉬운 일이 아니다. "며느리가 미우면 발뒤축이 달걀 같다고 나무란다."라는 속담처럼 한 번 미운 마음이 들면 그 사람이 하는 말과 행동 등 모든 것이 밉게 보인다.

내가 보기 싫어하고 만나기를 꺼리는 그 사람도 하느님의 극진한 사랑으로 좋게 창조되었다. 그래서 그 사람을 자세히 살펴보면 좋은 구석이 한 군데 정도는 분명히 있을 것이다. 비록 지금은 잘못과 허물 때문에 더러워졌다고 해도 하느님의 은총으로 그 더러움을 털어 내고 선한 마음을 회복하여 덕을 쌓아 훌륭한 사람이 될 수도 있다. 이렇게 생각하면 밉고 싫은 마음이 조금 누그러지지 않을까?

하느님의 아들이신 예수님께서는 사람들을 자비로운 시선으로 바라보셨고, 그런 시선은 죄인들을 볼 때도 달라지지 않았다. 그분은 천대받고 멸시받던 이들, 특히 세리와 창녀들도 외면하지 않고 한 인간으로, 하느님께서 창조하신 귀한 사람으로 대해 주셨다.

이스라엘에서는 전통적으로 경건한 사람일수록 죄인들과 우연히라도 접촉하지 않도록 세심하게 신경을 썼다. 죄인은 부정不淨한 사람이고, 부정한 사람과 접촉하면 부정 탄다고 생각했기 때문이다. 하지만 예수님께서는 경건하다고 하는 이들과는 반대로 행동하셨고, 그럼으로써 죄인들 또한 하느님께서 당신의 모습대로 창조하신 인간으로서 여전히 사랑을 받고 있음을 알려 주셨다.

하느님께서는 "악인에게나 선인에게나 당신의 해가 떠오르게 하시고, 의로운 이에게나 불의한 이에게나 비를 내려"(마태 5,45) 주시는 분이다. 죄인이어도 하느님 은총의 힘으로 회개하면 본래의 착한 마음을 회복할 수 있다. 대표적으로 세리 자캐오(루카 19,1-10)가 그런 사람이었다.

예수님께서는 제자들과 함께 큰 도시 예리코를 지나가시게 되었다. 거기에는 자캐오라는 돈 많은 세관장이 살고 있었는데, 그는 키가 작아서 군중에 가려 거리를 지나시는 예수님을 볼 수가 없었다. 자캐오는 예수님을 보고 싶은 열망에 가득 차 거리에 있는 돌무화과나무에 올라갔다. 자캐오의 이런 기이한 행동은 즉시 예수님의 눈에 띄었을 것이다. 아마 예수님께서는 따뜻한 눈길로 그를 바라보시면서 "자캐오야, 얼른 내려오너라. 오늘은 내가 네 집에 머물러야 하겠다."(루카 19,5)라고 말씀하시지 않았을까. 이 말씀을 들은 자캐오는 크게 기뻐하면서 예수님을 자기 집에 맞아들여 잔치를 베풀었다.

그 당시 세리는 천대와 멸시의 대상이었다. 이스라엘을 식민 통치하던 로마 제국에 협력하여 세금을 징수하면서 사적인 이익을 챙겼기 때문이다. 로마인은 한 지역에 일정한 액수를 세금으로 할당하고, 그 지역에서 세금을 징수하는 권리를 입찰에 부쳐 최고 입찰자에게 팔아넘겼다. 세금 징수권을 따낸 입찰자들은 로마에서 요구한 액수가 아니라 그것보다 훨씬 많이 거두어 사리사욕을 채우는 경우가 적지 않았다. 그래서 세리는 압제 세력인 로마에 빌붙어 동족의 피를 빨아먹는 매국노요 반역자로 여겨졌다. 그들은 과거 우리나라의 일제 강점기 시절에 일제에 적극적으로 협조하던 한국인과 비슷하다.

또한 이스라엘은 하느님의 백성인 자신들은 거룩하지만 다른 백성들은 부정하다고 생각했는데, 세리는 직업상 이민족 로마인과 접촉할 수밖에 없었기에 항상 부정한 사람이었다. 민족적으로도, 종교적으로도 미움과 혐오의 대상이었던 세리는 회당 출입도 금지되었다.

자캐오는 세리 중에서도 지위가 높은 세관장이었으니 다른 세리들보다 더 많은 멸시와 천대를 받았을 것이다. 어쩌면 자캐오는 다른 사람들에게 받은 모멸감과 작은 키에서 오는 열등감으로 똘똘 뭉쳐 있지 않았을까? 그래서 열등감을 보상하고자 더 악착같이 돈을 모으려 했을 것이고, 그럴수록 주변에서는 자캐오를 돈만 아는 수전노라고 손가락질하고 멸시했을 것이다.

그러던 어느 날 자캐오는 뜻하지 않게 예언자로 추앙받는 예수라는 분을 길에서 만났고, 선뜻 자신의 집을 방문한 그와 함께 식사까지 하는 영광을 누리게 된다. 자캐오는 아마도 이렇게 생각하면서 기뻐했을 것이다.

'경건하다는 사람들은 모두 나를 전염병자 대하듯이 외면하고 피하는데, 이분은 아무 거리낌 없이 나를 대해 주시고 내 집에까지 오셨다!'

자캐오는 제대로 사람대접을 받아 본 것이다. 남들에게 욕을 먹으면서 모은 돈으로라도 사서 받아 보고 싶었던 사람대접이었는데, 그것이 예상치도 않게 아무 조건 없이 공짜로 주어진 것이다.

이에 대한 자캐오의 반응은 매우 놀랍다. 예수님 앞에서 선뜻 자기 재산의 반을 가난한 사람에게 나누어 주겠다고 약속한 것이다. 부자일수록 돈에 더 인색하다는 것을 생각하면, 자캐오의 변화는 정말로 엄청난 것이 아닐까?

멸시와 천대를 받는 사람일수록 남에게 더 차갑고 매정하게 구는 경우가 많다. 사람은 누구나 이해와 인정과 사랑을 받고 싶은 욕구가 있는데, 그것이 채워지지 않으면 세상에 대한 미움과 복수심에서 나오는 이해할 수 없는 행동을 하기 쉽다. 마음에 큰 상처를 입은 사람은 크게 다친 짐승처럼 사나워지게 마련이다. 이런 사람을 비난과 멸시로 대한다면 세상에 대한 증오심을 더 키울 뿐이다. 마치 타는 불에 기름을 끼얹는 것과 같다.

이런 사람에게는 그가 마음 깊은 곳에서 간절히 바라는 것을 주어야 한다. 이런 점을 정확히 아셨던 예수님께서는 자캐오에게 그의 간절한 소망이었던 사람대접을 해 주신 것이다. 그러자 자캐오는 기쁨에 가득 차서 욕을 먹으면서까지 긁어모았던 재산의 반을 선뜻 내놓는다. 여기서 부드러움의 힘이 얼마나 강한지를 깨닫는다. "굳고 강한 것은 죽음의 무리이고, 부드럽고 약한 것은 삶의 무리다."라는 노자의 《도덕경》 한 구절이 떠오른다.

어머니는 아기가 울고 보채면 무엇이 필요해서 그런지 직감적으로 안다. 아이가 배고프면 젖을 물려 주고, 기저귀가 젖었으면 마른 것으로 바꾸어 준다. 예수님께서는 그런 어머니의 마음을 지니셨다. 그분은 죄인을 탓하고 나무라기 이전에 그에게 부족하고 필요한 것을 잘 아시고 채워 주신다. 그럼으로써 죄인의 굳어진 마음을 녹여 하느님께서 주신 본래의 선함을 회복하려 하신 것이다.

우리는 자주 세상과 인간에 대해 불신의 자세를 취한다. '머리 검은 짐승은 거두는 것이 아니다.'라는 속담이 생길 정도로 세상에는 배은망덕한 사람이 많다. 이스라엘 백성도 자신들에게 큰 은혜를 베푸신 하느님을 배신해서 꾸지람을 듣는다. 하느님께서는 이사야 예언자의 입을 빌려 이렇게 한탄하신다.

> "소도 제 임자를 알고 나귀도 제 주인이 놓아준 구유를 알건만 이스라엘은 알지 못하고 나의 백성은 깨

닫지 못하는구나."(이사 1,3)

지혜서는 하느님께서 당신 백성의 배은망덕함을 보시면서도 결코 그들을 버리지 않으시는 분이라고 말한다. 하느님께서 세상과 인간을 좋게 창조하시고 유지하시며 사랑으로 돌보시기 때문이다.

> "당신께서는 존재하는 모든 것을 사랑하시며 당신께서 만드신 것을 하나도 혐오하지 않으십니다. 당신께서 지어 내신 것을 싫어하실 리가 없기 때문입니다. 당신께서 원하지 않으셨다면 무엇이 존속할 수 있었으며 당신께서 부르지 않으셨다면 무엇이 그대로 유지될 수 있었겠습니까? 생명을 사랑하시는 주님, 모든 것이 당신의 것이기에 당신께서는 모두 소중히 여기십니다."(지혜 11,24-26)

하느님께서는 당신 모습대로 창조된 인간(창세 1,27)이 당신을 닮아 거룩하게 되기를 원하신다(레위 11,44). 그분은 당신 백성이 배은망덕함에도 사랑을 거두지 않고 거룩한 사람으로 변화되기를 기다리신다. 이렇게 하느님께서 세상과 인간을 인내와 너그러움으로 대하신다면, 하느님을 믿는 사람도 그래야 한다. 누구보다도 성부의 뜻을 잘 아셨던 예수님께서는 이렇게 당부하신다.

> "너희 아버지께서 자비하신 것처럼 너희도 자비로운 사람이 되어라."(루카 6,36)

신앙인은 너그럽고 자비하신 하느님을 믿으며 세상과 인간을 선하게, 긍정적인 시선으로 바라보도록 노력해야 한다.

나 자신에 대한 긍정적 시각

하느님께서 세상과 인간을 좋게 창조하셨다는 사실은 나 자신도 좋게 창조하셨음을 뜻한다. 그러므로 나 자신을 긍정적으로 받아들이라는 의미도 포함된다. 흔히 자신을 사랑하는 것은 누구나 본능적으로 할 수 있다고 생각하지만, 실상 그렇지 않다. 물론 사람은 모두 이기적 성향이 있어서 자기에게 초점을 맞추고 자기 위주로 살아간다. 하지만 자기 자신이 마음에 안 든다고 싫어하고 미워할 때도 있다. 자신이 설정한 기대치에 미치지 못하거나, 자신이 동경하는 사람과 같지 않으면 자괴감에 빠지기 쉽다.

'왜 나는 공부를 못 할까? 나는 왜 이리 못생겼나? 나는 왜 돈을 많이 벌지 못할까? 내 성격은 왜 이렇게 모가 났을까? 나는 왜 사람들과 잘 어울리지 못할까? 왜 나는 남들처럼 이런저런 재주가 없는가? 나는 왜 이렇게 변화되지 않을까? 왜 나는 이 모양 이 꼴인가?'

하느님께서는 우리 모두에게 나름대로 의미와 목적을 부여하여 세상에 내셨다. 그리고 각자에게 다른 사람이 갖지 못한 좋은 점, 독특한 점을 적어도 하나 정도는 주셨다. 그러므로 창조주 하느님을 믿는 사람은 부질없이 다른 사람과 비교하는 데에 시간과 신경을 쏟지 말아야 한다. 그 대신 나에게 주어진 좋은 점이 무엇인지, 나의 특성과 재능은 어떤 것인지를 찾아서 가꾸는 데 힘써야 한다.

학교 공부는 잘 못 해도 사회성이 좋아서 인간관계가 매우 원만할 수 있다. 용모는 뛰어나지 않아도 따뜻하고 원만한 성품의 소유자일 수 있다. 돈벌이에 특별한 재주가 없다고 해도, 가난한 이들에 대한 관심과 배려가 뛰어날 수 있다. 말주변이 없지만, 다른 사람의 말을 잘 들어 주는 능력이 뛰어날 수 있다. 남보다 건강하지 않지만, 아픈 사람에 대한 공감 능력이 특별히 뛰어날 수 있다. 비록 남들과 잘 어울리지는 못하지만, 홀로 있으면서 생각을 많이 하여 사유 능력이 깊게 발달할 수도 있다. 이렇게 사람은 각자 고유한 특성과 재능을 지니고 있기에 한 가지 잣대로만 평가한다면 곤란하다.

아마 우리가 죽은 다음 심판을 받을 때, 하느님께서는 "너는 왜 아무개처럼 훌륭한 사람이 되지 못했느냐? 누구처럼 유능한 사람이 되지 못했느냐?" 하고 묻지 않으실 것이다. 그 대신 "바오로야, 너는 과연 너 자신이 되었느냐? 내가 너에게 준 탈렌트를 제대로 살렸느냐? 마리아야, 너는 고유한 너 자신이 되어 살았느냐?"라고 물으실 것이다. 그러므로 창조주 하느님을 믿는 사람이라면 자신만의 고유함과 재능을 발견해서 소중히 생각하며 보살펴야 한다.

장미꽃은 누구나 좋아한다. 반면 호박꽃은 장미꽃과 비교해 꽃도 아니라고 할 만큼 못났다. 하지만 호박꽃은 호박이라는 열매를 맺어서 인간에게 주지만, 장미는 그렇지 못하다. 이렇게 꽃만 아니라 사람에게도 그 사람에게만 있는 고유함과 특성이 있다. 다양한 꽃이 어우러져서 아름다운 화단을 이루듯이 인간 각자의 고유함과 특성이 어우러질 때 세상이 아름다워진다. 그런 세상을 원한다면 사람은 각자 자신만이 지니는 고유함을 찾을 줄 알아야 한다.

자신의 고유함을 발견해서 사랑할 줄 아는 사람은 자존감이 높아진다. 그래서 자신과 다른 사람을 비교하면서 시기하거나 질투하지 않는다. 반면 자신의 고유함을 찾지 못한 사람일수록 열등감에 시달리기 쉽다. 그런 사람은 자신에 대한 타인의 평가에 연연하면서 질투와 시기가 많고, 남에게 상처 주는 말이나 모난 행동을 하는 경우가 많다.

창조주 하느님을 믿는 신앙인은 하느님께서 나에게만 심어 주신 '꽃씨'가 무엇인지를 찾아서 정성껏 키우고 열매를 맺도록 해야 할 것이다. 나의 고유함을 제대로 찾지 못하고 남의 것만 바라보고 부러워하고 질투한다면, 하느님의 마음을 아프게 해 드리는 것이다. 자신의 진로를 찾지 못하고 방황하는 자식을 보는 부모의 마음이 아프듯이 말이다. 하느님께서 창조주이심을 믿는다면, 자신을 존중하면서 그분께서 주신 고유함을 찾아내어 가꾸고 보살펴서 세상을 풍요롭게 만드는 사람이 되어야 할 것이다.

"하느님께서 보시니 좋았다."

하느님께서는 당신 모습대로 창조된 인간이
당신을 닮아 거룩하게 되기를 원하신다.

쉼과 여유

창세기 2장 2절은 하느님께서 엿새 동안 창조 사업을 마치시고 "이렛날에 쉬셨다."라고 말한다. "쉬셨다."라는 표현은 안식일의 기원을 말해 준다. 히브리어로 안식일을 '샤밧'이라고 하는데, 이 말은 '쉬다.'라는 뜻의 동사 '샤밧shabbat'에서 나왔다. 창조 이야기를 저술한 사제들은 '하느님께서 쉬셨다.'라고 기록함으로써 바빌론으로 끌려온 이스라엘 백성이 안식일 준수를 소홀히 하는 것을 방지하려고 했다. 안식일은 이스라엘 백성의 신앙 정체성 유지에 매우 중요한 역할을 하기 때문이다.

안식일 준수는 하느님께서 시나이산에서 모세를 통해 주신 십계명의 한 조목이다. 하느님께서는 안식일에 자기 가족은 물론 노예와 이방인, 가축까지도 모두 쉬라고 하시면서 쉬어야 하는 이유를 이렇게 말씀하신다.

"너는 이집트 땅에서 종살이를 하였고, 주 너의 하느님이 강한 손과 뻗은 팔로 너를 그곳에서 이끌어 내었음을 기억하여라."(신명 5,15)

이스라엘 백성은 과거에 이집트 땅에서 파라오의 강압적 조치에 따라 노예가 되어 힘든 일을 하면서 살아야 했다. 하느님께서는 그 어렵던 시절을 상기시키시면서 사람이 일의 노예가 되어서는 안 되기에 일주일에 하루는 쉬라고 하신 것이다. 이처럼 인간에 대한 깊은 배려와 자비에서 안식일 규정이 만들어졌다.

현대인은 이익을 극대화하기 위해 주일과 휴일에도 일을 해야만 하는 경우가 많다. 이런 모습은 이집트에서 종살이하던 이스라엘 백성에 가깝다고 할 수 있다. 생존을 위해, 발전을 위해, 자기 계발을 위해 일을 해야 하지만, 그렇다고 일의 노예가 되어서는 안 된다. 사람답게 살기 위해서는 쉴 줄 알아야 한다.

쉰다는 것은 여유를 갖는 것과 일맥상통한다. 만일 우리가 우리 힘으로, 우리 손으로 모든 일을 다 해야 한다면 여유를 가질 수 없다. 하지만 신앙인은 진정으로 여유를 갖고 쉴 수 있다. 하느님을 믿으면, 자신이 할 수 있는 바를 다하고 나서 나머지는 그분께 맡길 줄 알기 때문이다.

성경은 세상일이 인간의 힘으로만 이루어지지 않고, 하느님의 섭리와 인도하심에 의해서 이루어진다고 가르친다. 시편의 작가는 "주님께서 집을 지어 주지 않으시면 그 짓는 이들의 수고가 헛되리라. 주님께서 성읍을 지켜 주지 않으시면 그 지키는 이의 파수가 헛되리라."(시편 127,1)라고 노래한다. 또한 잠언에서는 "사람의 마음속에 많은 계획이 들어 있어도 이루어지는 것은 주님의 뜻뿐이다."(잠언 19,21)라고 말한다.

동양에서도 같은 생각이 발견된다. 모사재인謀事在人이나 성사재천成事在天이란 고사성어가 있는데, 일을 꾸미는 것은 사람이지만 일을 이루는 것은 하늘이라는 뜻이다. 그래서 진인사대천명盡人事待天命, 곧 인간으로서 해야 할 일을 다 하고 하늘의 뜻을 기다린다는 말도 생겨난 것 같다.

어쩌면 옛사람들이 하늘을 더 잘 섬기고, 더 여유를 지니지 않았을까? 일은 열심히 하되, 결과는 하느님께 맡기고 여유를 갖는 겸손한 태도가 진정한 신앙인의 모습이다. 신앙인이 그런 모습을 보인다면, 바쁘다는 말을 자랑스럽게 입에 달고 다니면서도 바로 그것 때문에 불만과 스트레스 속에 사는 현대인에게 좋은 모범이 될 것이다.

씨는 우리가 뿌리지만, 싹을 틔우고 열매를 맺도록 하시는 분은 하느님이시다. 우리 몫은 씨를 뿌리고 정성껏 가꾸는 것이다. 결과는 하느님의 뜻에 달려 있다. 그분이 보시기에 좋은 때에 필요한 만큼 수확하게 해 주실 것이다.

자신이 뿌린 것이 원하는 때에 원하는 대로 이루어져야 하고, 그것을 눈으로 확인하려고 집착하는 데에서 초조함과 불안이 생겨난다. 하지만 최선을 다한 다음에는 손을 내려놓고 하느님께 결과를 맡긴다면, 여유를 갖고 편안한 마음으로 쉴 수 있다.

창세기 1장의 창조 이야기는 곤경과 역경 속에서도 하느님에 대한 믿음과 희망을 간직하고, 세상과 인간에 대한 긍정적인 시각을 간직하라고 권고한다.

'하느님께서는 아무것도 없는 데서 세상 만물을 창조하신 분으로서, 그분에게는 불가능한 것이 없다. 그러니 당장에는 아무런 희망도 보이지 않더라도 하느님을 신뢰하며 희망을 잃지 마라.'

'하느님께서는 세상과 인간을 좋게, 선하게 창조하신 분이다. 인간의 죄 때문에 세상이 타락한 듯이 보여도 어딘가에는 그 선함이 남아 있을 것이니, 너무 어둡고 부정적으로만 보지 말라'.

많이 알고 똑똑한 사람, 그래서 세상사를 예리하고 비판적으로 보는 사람일수록 어둡고 부정적인 측면에 쉽게 시선이 고정된다. 물론 사회 곳곳에 숨겨진 비리와 부정부패, 구조악을 밝혀내는 비판적 시각도 필요하다. 무엇이 문제인지를 알아야 이를 고치고 나아질 수 있기 때문이다.

하지만 문제에 집착하여 부정 일변도로 나가서는 곤란하다. 흰 종이 위에 검은 점들이 찍혀 있다고 할 때 그 점만을 지적하다 보면 흰 바탕을 보지 못한다. 부정적인 것에 집착하는 사람은 스스로 부정적인 사람, 공격적이고 파괴적인 사람이 될 위험이 크다. 그래서 독일의 철학자 프리드리히 니체(1844~1900년)는 이러한 말을 남겼다.

> "괴물과 싸우는 자는 스스로 괴물이 되지 않도록 조심해야 한다."

악과 싸우다가 자신이 악바리가 되지 않으려면, 하느님께서 세상을 좋게 창조하셨다는 것, 그래서 악과 어둠이 아무리 세상에 가득 찬 듯 보여도 어느 한구석에는 하느님께서 만드신 선함이 숨어 있다는 것을 잊지 말아야 할 것이다.

2장

하느님,
인간의 근원

창세기 2장

창세기 2장에는 1장과는 다른 내용의 창조 이야기가 나온다. 2장의 저자는 1장의 저자들과는 다른 사람들이다. 창세기 2장은 나중에 '야휘스트'란 이름으로 불린 이들이 저술한 것으로서 기원전 6세기경에 저술된 창세기 1장의 사제계 문헌보다는 훨씬 더 이른 시기에 작성되었다. '야휘스트'는 기원전 950년경 솔로몬의 궁전에서 유다 왕국의 실록을 편찬하던 사관史官들이었다. 이들은 다윗 왕조가 하느님께서 인정하신 정통성을 지니고, 그래서 영원히 지속되어야 한다는 관점에서 역사를 기록했다. 이들은 하느님을 '야훼Yahweh'라고 불렀고, 그래서 '야휘스트'란 이름이 붙여졌다. 이들은 자신의 창조 이야기에 어떤 메시지를 담았을까?

하느님과 함께해야 하는 인간

　야휘스트가 기술한 창조 이야기에 따르면, 하느님께서는 우선 남자를 창조하시고 그다음에는 동물을, 마지막으로 여자를 창조하셨다. 하느님께서 "흙의 먼지"로 사람(아담)을 빚으시고 그 코에 "생명의 숨"을 불어 넣으시니 생명체가 되었다. 오늘날 고유 명사처럼 되어 버린 '아담adam'은 원래 '사람'이라는 보통 명사이며, '땅'을 뜻하는 히브리어 '아다마ad-amah'에서 유래했다. 따라서 창조 이야기에서 아담의 창조에 관한 내용은 모든 인간에게 해당하는 것이다.

　하느님께서 흙으로 사람의 형상을 빚어 만드시고 그 코에 숨을 불어넣으시자 살아 있는 인간이 되었다고 한다. 동화처럼 가볍게 생각할 수 있는 이야기지만, 아담의 창조 이야기가 전하는 메시지는 전혀 가볍지 않다. 본래 흙과 먼지에 불과했던 것이 생명체가 된 것은 하느님께서 주신 생명의 숨, 곧 하느님의 영 덕분이고, 그래서 인간은 하느님과 함께할 때 비로소 자신의 본질이 완성된다는 것이다. 인간이 자기 생명의 원천인 하느님을 알아보지 못한다면 그저 흙과 먼지에 불과할 뿐이다.

현대에는 우리 생활을 편리하게 하는 첨단 기기들이 많은데, 그것들 모두 전기가 통하거나 충전이 되어야 제 기능을 발휘할 수 있다. 제아무리 정밀하게 만들어진 스마트폰이라도 충전되어 있지 않으면 쓸모가 없다. 하느님을 등진 인간은 배터리 없는 스마트폰과 같다. 스마트폰이 충전되어야 자신의 기능을 제대로 발휘할 수 있듯이, 인간도 하느님과 함께해야만 비로소 인간답게 살아갈 수 있다. 그래서 과거 교리서로 사용되었던 《천주교 요리 문답》 1조에는 다음과 같이 묻고 대답한다.

"사람이 무엇을 위하여 세상에 태어났느뇨?"
"천주를 알아 공경하고 제 영혼을 구하기 위하여 세상에 태어났느니라."

아우구스티노 성인은 바로 이런 진리를 삶으로 증거하였다. 그는 354년에 북아프리카 타가스테(오늘날 알제리의 수크아라스 지역)에서 태어나서 신학자이자 주교로 살다가 430년에 세상을 떠났다.

당시 청년들이 그러하듯 그는 젊은 시절에 성적으로 자유롭게 생활했는데, 여인과 동거하여 아들을 낳기도 했다. 카르타고와 밀라노의 수사학 교수로 탁월한 지성의 소유자였지만, 마니교라는 이단에 빠지기도 했다. 이렇게 사상적·윤리적으로 방황하던 아우구스티노는 어머니 모니카의 열렬한 기도와 헌신적인 도움으로 회심하여 387년에 밀라노에서 세례를 받고 고향으로 돌아온다. 391년에는 북아프리카 항구 도시 히포 레기우스(오늘날 알제리의 도시 안나바)의 주교로 선출된다. 방황하는 아들 때문에 울면서 속을 태우던 모니카에게 어느 주교는 "설마 그렇게도 눈물을 짜내는 자식이 죽을라고."라는 위로의 말을 건넸는데, 그 말이 그대로 이루어진 것이다.

아우구스티노는 나중에 자신의 삶을 회고하면서 기록한 《고백록》에서 "내 영혼이 당신 안에 쉬기까지는 평안함이 없나이다."라는 유명한 말을 남겼다. 온갖 방황을 겪은 끝에,

인간은 오직 하느님 안에서만 평안을 누릴 수 있다는 것을 체험으로 깨닫고, 인간은 하느님과 함께할 때 비로소 사람답게 살 수 있다고 고백한 것이다.

인간은 본질적으로 하느님과 함께할 때 비로소 사람답게 살 수 있다. 창세기 1장의 창조 이야기에서 살펴보았듯이, 하느님께서는 인간에게 희망의 원천이 되고, 세상과 사람을 긍정적으로 볼 수 있게 하는 근거가 되기 때문이다. 반면에 하느님을 등지면 어둠과 혼돈 속에 살게 된다.

창세기 1장 2절은 하느님의 영이 작용하시기 전에 "땅은 아직 꼴을 갖추지 못하고 비어" 있었다고 말한다. 꼴을 갖추지 못했다는 것은 다른 말로 하면 카오스, 혼돈이다. 하느님께서 함께하시지 않을 때는 모든 것이 뒤죽박죽, 혼돈 상태가 된다. 하느님과 함께할 때 비로소 혼돈에서 벗어나 자신과 주위를 정리할 지혜와 힘을 얻게 된다.

우리는 인생 여정에서 종종 힘든 시기를 거친다. 삶이 뒤엉킨 실타래처럼 혼란스러워서 도대체 어디서 실마리를 찾아 풀어야 할지 모를 때가 있다. 그때마다 하느님의 빛이 혼돈(카오스)을 이기셨다는 창세기 1장 2절 이하의 말씀에 의지하여, 혼돈 상태를 있는 그대로 하느님의 빛 속에 내맡긴다면 상황이 서서히 달라질 것이다. 자신이 안고 있는 문제가 즉시 해결되지는 않더라도, 적어도 그 문제를 짊어지고 계속 살아갈 힘과 용기를 얻게 될 것이다.

또한 하느님과 함께할 때 인간을 위협하는 허무를 극복할 수 있다. 사실 세상만사는 너무나 덧없고 허무하다. 그래서 온갖 영화를 다 누려 보았다는 솔로몬 임금도 이렇게 한탄하였다.

"허무로다, 허무! …… 허무로다, 허무! 모든 것이 허무로다!"(코헬 1,2)

푸른 봄과 같은 청춘도, 화사한 꽃과 같은 사랑도 결국은 지나가 버린다. 젊은 날의 아름다움과 싱싱함도 나이와 함께 스러진다. 시편의 저자는 인생의 덧없음을 탄식한다.

"저희의 햇수는 칠십 년 근력이 좋으면 팔십 년. 그 가운데 자랑거리라 해도 고생과 고통이며 어느새 지나쳐 버리니, 저희는 나는 듯 사라집니다."(시편 90,10)

요즘 기대 수명이 연장되어 '백세 시대'라고 자랑스럽게 이야기하지만, 늘어난 시간은 노쇠와 병고로 채워지는 경우가 대부분이다. 결국 인간은 흙에서 왔다가 흙으로 돌아가는 초라한 존재일 뿐이다. 그래서 불가에서는 공수래공수거空手來空手去, 빈손으로 왔다가 빈손으로 간다고 했다.

그런데 사람은 자신이 소멸하는 것을 본능적으로 두려워해서 모든 것을 무로 돌리는 죽음을 외면하고 싶어 한다. 그러나 인간은 누구나 예외 없이 죽게 마련이다. 아무리 죽음에서 도망치고 싶어도 죽음은 우리 곁으로 한 발짝씩 다가온다. 그래서 '우리는 죽음을 잊지만, 죽음은 우리를 절대로 잊지 않는다.'라는 말도 있다. 인간은 죽음을 두려워한 나머지 세상에서 죽음 너머의 무엇, 영원을 보장해 줄 무언가를 애타게 찾는다. 그것이 돈일 수도 있고, 권력일 수도 있으며, 사람일 수도 있다. 하지만 피조물은 인간이 갈망하는 영원을 가져다주지 못한다.

피조물은 나름 좋고 가치 있는 것이기는 하지만, 결국 없어지고 사라지기 마련이다. 거기에서 잠깐 만족과 행복을 얻을 수 있으나, 영원히 지속될 수는 없다. 영원하신 하느님 대신 피조물을, 곧 상대적인 것을 절대화하는 것은 바로 우상숭배이며, 우상숭배는 결국 사람에게 해가 된다. 어떤 형상形相을 만들어 놓고 그 앞에 절하는 형태의 우상숭배도 문제다. 하지만 더 위험한 것은 상대적인 피조물을 절대적인 하느님의 위치에 올려놓고 섬기는 방식의 우상숭배다. 이런 우상숭배는 우리 사회에서 얼마든지 발견할 수 있다.

가장 쉽게 하느님의 자리를 차지해서 우상이 되는 것은 돈이다. 세상에서는 돈이 곧 힘이기 때문이다. 돈이 삶의 중심을 차지하면, 모든 것을 경제적 가치로 계산하게 된다. 돈 없으면 힘도 없고, 힘없으면 무시를 당하기 때문에 사람들은 돈 버는 일이라면 물불을 안 가리고 덤벼든다.

성당이나 교회에 열심히 다니며 하느님을 섬긴다고 하면서도 실생활에서는 돈을 숭배하며 살아가는 사람들이 많다. 돈이 하느님 자리를 차지하여 인간을 지배하는 우상이 된 것이다. 돈 앞에서는 인륜과 도덕도 설 자리를 잃는다. 돈 때문에 부부 사이가 갈라지고, 부모 자식이 다투며, 친구가 원수가 되기 쉽다. 돈이 우상이 되면 인간은 필연적으로 불행에 빠진다.

인기와 명예라는 우상도 있다. 대중의 인기와 환호를 한 몸에 받으면 짜릿한 기쁨과 벅찬 행복감에 젖게 된다. 그래서 배우, 가수 지망생들이 인기를 얻기 위해 수단과 방법을 다 동원하고, 인기를 위해서라면 모든 것을 바치려 하고 인기를 잃으면 죽는다고 생각한다. 실제로 인기를 잃을까 하는 두려움에 시달리다가 우울증이나 공황 장애를 겪거나 마약에 중독이 되는 경우도 종종 있다.

권력이라는 우상도 있다. 막강한 권력을 갖게 되어서 특별 대우를 받고, 모든 사람이 자기 앞에서 굽실거린다면 짜릿하다 못해 황홀한 기분이 들 것이다. 그래서 정치가들은 권력을 차지하기 위해 모든 힘을 바치고, 자신의 권력을 위협하는 경쟁자를 모함하거나 비방하고, 심지어 해치기까지 한다.

이렇게 사람이 돈, 인기, 권력 등에 매혹되어서 거기에 자신을 묶어 두는 것이 바로 우상숭배다. 이런 우상숭배는 결국 자신을 망칠 뿐 아니라 다른 사람에게도 해를 입힌다. 돈, 인기, 권력은 영원하지 않기에 결국 사라지기 마련이다.

영원하신 하느님만이 우리를 영원토록 기억하시고 보호해 주시고 사랑해 주신다. 이사야서에서는 하느님께서 우리를 버리지 않으신다는 사실, 그분의 사랑은 영원하다는 사실을 어머니의 끈질긴 사랑에 비유해서 감동적으로 표현한다.

"여인이 제 젖먹이를 잊을 수 있느냐? 제 몸에서 난 아기를 가엾이 여기지 않을 수 있느냐? 설령 여인들은 잊는다 하더라도 나는 너를 잊지 않는다."(이사 49,15)

하느님의 영원한 사랑만이 허무를 극복하고 죽음을 넘어설 희망과 힘을 준다.

남자와 여자로 창조된 인간

 하느님께서는 먼저 남자인 아담을 창조하셨다. 또한 온갖 짐승과 하늘의 온갖 새도 흙을 빚어서 창조하시어 아담의 벗이 되게 하셨다. 아담은 짐승과 새에게 이름을 붙여 주었지만, "자기에게 알맞은 협력자"를 찾지는 못하였다. 그러자 하느님께서는 여자를 창조하신다. 이 이야기에는 남자와 여자에 대한 중요한 메시지가 담겨 있다.

서로 동등하면서 밀접하게 연결된 남녀
 하느님께서는 여자를 창조하실 때 아담과 동물처럼 흙을 사용하시지 않고, 아담의 갈빗대를 이용하신다. 여기에는 많은 의미가 포함되어 있다.
 첫째, 여자는 남자와 아주 밀접하게 연결되어 있다. 여자는 남자 몸의 일부인 갈빗대로 만들어졌으니 같은 본질을 지니고 있으며, 떼려고 해도 뗄 수 없이 밀접하게 연결되어 있다. 그러므로 남자는 여자와의 관계 속에서, 또 여자는 남자와의 관계 속에서 서로 모자란 점을 보충하고 모난 점을 고쳐 가면서 원만한 사람으로 성숙해 간다. 사람은 관계 속에서 비로소 사람다운 사람이 되는 것이다.

이와 관련해서 스위스의 정신 의학자 카를 구스타프 융(1875~1961년)은 매우 흥미로운 학설을 내세웠다. 그는 인간을 남자와 여자로 구분하는 것에 그치지 않았다. 모든 인간은 남성적 기질의 특성과 원리인 '아니무스animus'와 여성적 기질의 특성과 원리인 '아니마anima'를 둘 다 지니는데, 남자는 아니무스가 더 강하고 여자는 아니마가 강하다고 한 것이다. 그런데 융은 남자든 여자든 성숙한 인간이 되려면, 자신 안에 있는 두 특성을 균형 있게 발전시켜야 한다고 강조한다. 남자라고 해서 남성적인 특성, 강하고 능동적인 면만을 발전시킨다면 미숙한 채로 머문다는 것이다.

남자가 성숙한 인간이 되기 위해서는 자신 안에 있는 여성적 특성, 부드럽고 섬세하고 수동적인 특성도 함께 발전시켜야 한다. 여자도 마찬가지다. 수동적이고 부드럽고 섬세하기만 해서는 부족하고, 적극적이고 능동적인 면도 함께 발전시켜야 한다. 그러므로 인간은 자신 안에 있는 남성적 요소와 여성적 요소를 잘 조화시켜서 성숙한 인간으로 자라나야 하는 과제를 지닌다.

둘째, 갈빗대 일화는 남자와 여자는 모두 똑같은 품위를 지니고 서로 동등한 관계라는 점을 암시한다. 유다교의 한 주석가는 이렇게 설명한다.

"하느님께서는 여자를 남자의 머리에서 창조하지 않으셨다. 여자가 남자를 지배하지 않도록 하기 위함이다. 하지만 남자의 발끝에서 여자를 창조하지도 않으셨다. 여자가 남자의 종이 되지 않도록 하기 위함이다. 때문에 하느님께서는 여자를 남자의 심장 곁에 있는 옆구리에서 창조하셨다."[5]

이렇게 볼 때 하와가 인체의 중심 부분인 갈빗대에서 나온 것에는 남녀가 평등하다는 뜻이 담겨 있다고 하겠다.

남녀가 성에 있어서는 구분되지만, 그 본질에 있어 동등한 존재라는 것은 창세기 2장 23절에서도 암시된다. 하느님께서 아담에게 하와를 데려오시자, 아담은 기쁨에 넘쳐 "이야말로 내 뼈에서 나온 뼈요, 내 살에서 나온 살이로구나! 남자에게서 나왔으니 여자라고 불리리라!"라고 외친다.

여기서 히브리어로 '남자'는 '이쉬ish'로, 그리고 여자는 '이쉬'의 여성형인 '이샤ishah'로 되어 있어 남녀의 유사성이 강조된다. 즉 낱말의 어미가 다른 것처럼 남자와 여자는 성적性的으로 차이가 나지만, 두 낱말이 '이쉬'라는 동일 어근을 지는 것처럼 남자와 여자는 실상 같은 인간의 본질을 지녔다는 것이다. 《공동번역 성서》에서는 히브리어의 낱말 놀이를 고려해서 남자와 여자를 각각 '지아비', '지어미'로 번역했다.

창세기 1장 27절에서는 남녀의 본질이 동등하다는 사실을 이렇게 표현한다.

> "(하느님께서는) 하느님의 모습으로 사람을 창조하시되 남자와 여자로 그들을 창조하셨다."

즉 남자와 여자는 모두 하느님의 모상模像이라는 것이다. 남자와 여자는 모두 하느님을 닮은 동등한 품위의 존재로서, 서로 돕고 보완하면서 살아야 한다는 것이 창조 이야기의 가르침이다.

그러나 유감스럽게도 이스라엘 백성은 이 가르침을 제대로 실천하지 못했다. 시간이 흐를수록 여자를 업신여긴 것이다. 예를 들어, 신명기 16장 16절에서 종교적 축제는 남자들만 지키라고 되어 있다. 실제로 여자는 성전 중심부에는 출입할 수 없었다. 또 유다인 남자들은 하루에 세 번 기도를 바쳤는데, 그 기도에는 자신이 이방인이나 노예, 그리고 여자로 창조되지 않은 것에 감사한다는 대목이 있을 정도로 여자를 무시했다. 사람 숫자를 셀 때도 여자와 어린이는 제외했다. 이런 흔적은 신약 성경 안에서도 발견된다. 예수님께서 빵 다섯 개와 물고기 두 마리로 많은 사람을 배불리 먹이신 기적 이야기는 "먹은 사람은 여자들과 아이들 외에 남자만도 오천 명가량이었다."(마태 14,21)라는 말로 끝나는데, 남자만 온전한 인간으로 여기는 당시 사람들의 생각이 반영된 것이다.

남자가 여자를 일방적으로 지배하는 것은 창조주의 뜻이 아니라 아담과 하와의 범죄로 생긴 결과다(창세 3,16). 예수님께서는 창조의 본래 의미를 회복시키고자 남존여비라는 잘못된 관습에 맞서신다. 그분의 가르침과 행동에서 그런 점이 잘 드러난다.

첫째, 예수님께서는 이혼을 금하셨다(마르 10,1-12). 그 시대의 남자들은 사소한 이유로도 이혼장을 써 주고 아내를 내쫓을 수 있었다. 심지어 음식을 태우기만 해도 이혼 사유가 된다고 주장하는 랍비들도 있었다. 하지만 여자가 먼저 이혼을 제기하는 것은 허용되지 않았다. 예수님께서는 남성들의 이런 횡포에 반대해 남편이 아내를 버리는 것을 엄격히 금지하시면서 창세기 2장 24절을 언급하신다.

> "창조 때부터 '하느님께서는 사람을 남자와 여자로 만드셨다.' '그러므로 남자는 아버지와 어머니를 떠나 아내와 결합하여, 둘이 한 몸이 될 것이다.' 따라서 그들은 이제 둘이 아니라 한 몸이다. 하느님께서 맺어 주신 것을 사람이 갈라놓아서는 안 된다. …… 누구든지 아내를 버리고 다른 여자와 혼인하면, 그 아내를 두고 간음하는 것이다."(마르 10,6-12)

당시 상황을 고려해 볼 때, 예수님께서 남편이 아내를 버리지 못하게 하신 이유에는 창조주의 뜻에 따라 여자가 남자와 동등하다는 것 외에도 여자를 보호하려는 의도도 포함되어 있었다. 유다 사회에서는 여자가 경제적으로 자립할 수 있는 여건이 전혀 마련되지 않았고, 여자는 평생 남자에게 예속되어 살아야 했다. 자랄 때에는 아버지의 보호를 받으면서, 결혼하면 남편에게 종속되어 살아갔다. 이런 사회적 배경에서 남편이 아내를 버린다면 그 여인의 앞날은 매우 암담했다. 생계를 유지하려면 걸인이 되든지 몸을 팔 수밖에 없었다. 이런 시대적 배경에서, 아내를 내쫓아서는 안 된다는 예수님의 말씀에는 사회적 약자인 여자를 인간으로 대접하라는 여권 옹호의 의도도 포함되어 있다는 것이 드러난다.

둘째, 루카 복음서 10장 40절을 보면, 예수님께서는 마르타의 집에 들르셨을 때 마르타의 동생 마리아가 당신의 발치에 앉아 말씀을 듣는 것을 그대로 두셨다. 이는 여자도 남자와 동등한 인간임을 인정하신 행동이다. 예수님 활동 당시에 유다인들은 토라, 즉 율법을 신앙의 유산으로 매우 소중하게 여겼는데, 여자는 토라를 배울 수가 없었다. 어느 랍비는 딸에게 토라를 가르치는 이는 자기 딸에게 음탕함을 가르치는 것이라고 하였고, 또 다른 랍비는 토라를 여자들 손에 놓아두느니 차라리 태워 버리는 것이 더 낫다고 주장할 정도였다. 그런데 예수님께서는 여자인 마리아가 당신의 말씀을 듣도록 허락하심으로써, 당시 유다인들이 갖고 있던 잘못된 생각을 깨 버리셨다.

셋째, 요한 복음서 4장 1-42절에는 예수님께서 사마리아 여인과 거리낌 없이 대화하시는 장면이 전해진다. 예수님께서는 제자들과 함께 유다를 떠나 갈릴래아로 가시던 중에 사마리아의 한 고을에 이르셨다. 길을 걷느라 지치신 예수님께서 우물가에 앉아 쉬셨는데, 때는 정오 무렵이었다. 제자들은 먹을 것을 구하러 마을로 들어가서 우물가에는 예수님 홀로 계셨다. 그런데 바로 그때 한 사마리아 여자가 물을 길으러 우물가에 왔는데, 예수님께서는 이 여자에게 마실 물을 좀 달라고 청하셨다. 그러면서 예수님과 여인과의 대화가 시작되어 길게 이어진다. 이는 오늘날 우리의 눈에는 전혀 문제가 될 것이 없지만, 당시 유다인들의 눈에는 매우 파격적인 행동이었다.

사마리아를 수도로 하는 북왕국 이스라엘은 기원전 721년에 아시리아의 침공으로 멸망했다. 아시리아는 이방인들을 사마리아에 이주시켜서 서로 피가 섞이게 만들었다. 남왕국 출신 유다인들은 혈통과 종교가 순수하지 못한 사마리아인들을 이방인처럼 여기면서 멸시하고 상종하기를 꺼렸다. 더구나 유다인들은 남자가 여자와 공개적으로 이야기를 나누는 것을 금기시했다. 그런데 유다인 남자인 예수님께서 사마리아 여자와 한낮에 마을의 공개적인 장소인 우물가에서

대화를 나누신 것이다. 이는 유다 사회에서, 더구나 존경받는 스승의 위치에 있는 사람이라면 극구 피해야 할 행동이었다. 이런 시대적 상황을 고려할 때 마을에서 돌아온 제자들이 "예수님께서 여자와 이야기하시는 것을 보고 놀랐다."(요한 4,27)라는 구절을 이해할 수 있다. 이렇게 예수님께서는 단지 여자라는 이유로 사람을 경계하거나 배척하지 않으셨다. 여자도 하느님의 창조물로서 남자와 동등한 존재임을 확신하셨던 것이다.

지금은 많이 달라졌지만, 과거 우리나라에서는 남존여비 의식이 사람들의 마음속에 매우 뿌리 깊게 박혀 있었다. 결혼해서 아들을 낳지 못하는 여자는 죄인 취급받기도 했고, 아들이 아니라고 해서 낙태하는 경우도 많았다. 아직도 직장에서 여자라는 이유에서 불이익을 받는 사례가 적지 않다. 남자의 권리나 지위를 여자보다 우위에 두고 여자를 천시하는 태도는 남녀평등의 원칙만이 아니라 그리스도교 신앙에도 어긋난다. 그리스도인은 창조주 하느님과 예수 그리스도의 뜻에 따라 남자와 여자 모두 동등한 권리를 지닌 존재로 받아들여야 한다.

"알맞은 협력자를 만들어 주겠다."

남자와 여자는 모두
하느님을 닮은 동등한 품위의 존재로서,
서로 돕고 보완하면서 살아야 한다.

성性은 하느님의 축복

하느님께서 하와를 창조하고 그를 아담에게 데려오시자, 아담은 하느님께서 "자기에게 알맞은 협력자"로 주신 여인을 보고서 기쁨의 탄성을 질렀다.

> "이야말로 내 뼈에서 나온 뼈요 내 살에서 나온 살이로구나! 남자에게서 나왔으니 여자라 불리리라."(창세 2,23)

여기서 남자와 여자가 서로를 좋아하는 것, 둘 사이의 이성적 끌림, 곧 성적 매력은 분명 하느님께서 원하신 것이고, 하느님의 축복임이 드러난다. 이런 점은 그리스 신화와 비교해 볼 때 더욱 분명해진다.

그리스 신화에서는 이성 간의 끌림은 축복이 아니라 신들이 인간에게 내린 벌의 결과로 보았다. 플라톤의 《향연》에 따르면, 본래 남성과 여성이 하나로 합쳐진 자웅동체雌雄同體 형태의 인간들이 존재했는데, 그들은 대단한 힘과 능력을 지녔고 오만하기까지 해서 신들을 공격할 정도였다. 이에 위협을 느낀 신들은 자웅동체 형태의 인간들을 약화시키려고 둘로 나누어 버렸다. 그러자 인간들은 능력이 반으로 줄어들어서 더 이상 신들에게 대들지 못했을 뿐만 아니라, 다른 반쪽을 애타게 찾아다니게 되었다.

그리스 신화의 신들은 시기와 질투 때문에 인간을 남녀로 갈라놓지만, 창세기의 하느님께서는 인간에 대한 배려와 사랑으로 남자에게 여자를 만들어 주신다. 동물들과 어울리면서 자신에게 맞는 짝을 찾지 못해 허전해하는 아담에게 하와를 창조하여 주심으로써 크나큰 기쁨을 선사하신 것이다. 이렇게 볼 때 남녀의 애정과 결합은 하느님의 인간에 대한 사랑에서 나온 것이다. 이런 점은 성경 곳곳에서 확인된다.

요한 복음서 2장 1-12절에 따르면, 예수님께서 카나의 혼인 잔치에서 물이 술로 바뀌는 첫 번째 기적을 행하시는데, 이는 혼인과 남녀의 결합에 대한 축복을 암시한다. 또한 구약 성경 아가에는 한 남자와 한 여자의 사랑이 시적으로 아름답게 묘사되어 있다. 아가의 사랑은 인간적이며 성적性的인 사랑으로서, 하느님께서 상호 보완적으로 창조하신 두 창조물의 결합을 의미한다.

"아가는 창세 2,23-24에 대한 일종의 주석으로서 인간적인 사랑을 하느님의 선한 창조 사업 안에서 그 자체로서 목적을 지닌 것으로 서술한다고 이해할 수 있다."[6]

그러나 세월이 흐르며 교회 안에서는 인간의 성을 항상 긍정적으로만 보지는 않았다. 고대 교회에서는 스토아 철학이나 마니교와 같이 육신과 육신의 즐거움을 적대시하는 사조가 있었는데, 교부들은 이에 반대해 결혼은 하느님께서 원하신 것이고 윤리적으로 허락된 것임을 강조하였다. 하지만 이런 사상의 영향으로 성에 대한 회의적 시각은 남게 되었다.

그 시대의 위대한 신학자인 아우구스티노를 예로 들어 본다. 그는 원조元祖의 타락으로 인해 인간 본성이 부패하였고, 인간의 성도 여기서 예외는 아니라고 보는데, 육체의 쾌락이 정신과 생각을 흐리게 한다는 점에서 인간의 성이 부패했다는 사실이 잘 드러난다고 여겼다. 아우구스티노는 성경에 근거해 남자와 여자의 결합이 좋은 것이라고 가르치면서, 결혼이 좋은 이유는 성의 결함을 보상하는 데에 있다고 주장한다. 이를테면 인간의 성은 부패했지만, 자녀 출산으로 인류의 생존에 이바지하기에 좋다는 것이다. 이처럼 성을 부정적으로 보는 경향은 교회 안에서 오래 지속되었다.

다른 한편, 교회가 성에 대해 엄격한 태도를 유지해 온 것은 나름대로 이유가 있는데, 그것은 성이 자주 남용된다는 사실에 있다. 무릇 귀중한 것일수록 잘못 사용되기 쉽다. 예로부터 정적政敵을 제거하기 위해서, 또한 상대방으로부터 첩보나 정보를 빼내기 위해 미인계를 활용해 온 것은 잘 알려진 사실이다.

우리 시대에 성이 남용되는 심각한 사례로는 '성 상품화'를 들 수 있다. 성 상품화는 대중매체의 시대인 현대 세계에서 빈번하게 일어나는 일이다. 텔레비전이나 신문, 잡지에 실린 광고는 은근하게, 또는 노골적으로 성과 연결된다. 대중매체와 인터넷 또는 SNS를 통한 음란물의 범람과 급속한 확산은 많은 이들, 특히 미래 사회를 이끌어 갈 청소년들의 의식을 병들게 한다. 귀중한 것일수록 남용되기 쉽고, 그 폐해는 더욱 심각하다.

그리스도인은 인간의 성이 하느님의 축복이고 귀중한 선물임을 잊지 말아야 한다. 그러므로 성을 죄악시해서는 안 된다. 하지만 귀중한 것일수록 소중하게 다루어야 하듯이, 하느님의 선물인 성도 소중하게 사용해야지 오용하거나 남용해서는 결코 안 된다. 인간의 성을 존중하면서 남용하지 않기 위해서는 무엇보다도 성에 대한 올바른 인식과 가치관이 형성되어야 한다. 인간의 성을 오로지 육체적 쾌락을 위한 도구로 보는 것에서 벗어나 남녀 간의 깊은 사랑을 표현하고 결속을 다지는 '몸의 언어'로, 그리고 무엇보다도 귀중한 생명이 탄생하는 '생명의 샘'으로 이해하고 받아들이는 자세가 정착되어야 할 것이다.

"알몸이면서도 부끄러워하지 않았다."

창세기 2장 25절은 "사람과 그 아내는 둘 다 알몸이면서도 부끄러워하지 않았다."라고 전한다. 이 구절에는 어떤 의미가 담겨 있을까? 서구의 몇몇 나라에 있는 나체촌에서 남녀가 서로 벗은 채로 있으면서도 부끄러워하지 않는 것과 같은 의미일까? 분명히 그런 피상적 의미는 아닐 것이다.

"알몸"과 "부끄러워함"이라는 표현은 성경에서 종종 나약성이나 실패를 나타낸다(시편 6,11; 아모 2,16; 미카 1,8). 우리말에서도 자신의 모든 것을, 나약한 모습까지도 숨김없이 드러낼 때 알몸을 드러낸 것 같다고 표현한다. 그러므로 아담과 하와가 알몸을 드러낸다는 것은 서로 자기 자신을 있는 그대로 숨기지 않고 그대로 드러냈다는 뜻으로 해석될 수 있다. 그런데 사람은 자기 내면을 있는 그대로 남에게 드러내기를 두려워한다. 그랬다가는 약하고 부끄러운 면, 어두운 면까지 다 드러날 뿐만 아니라 자칫하면 상처 입고 이용당하거나, 비웃음을 사기 쉽기 때문이다. 정도의 차이는 있을망정 친한 친구, 친밀한 부부 사이도 예외는 아니다.

아담과 하와는 어떻게 자신을 전부 상대방에게 숨김없이 드러낼 수 있었을까? 이에 대한 대답의 실마리는 하느님께서 아담에게 에덴동산을 맡기시면서 하신 말씀에서 찾아볼 수 있다.

> "너는 동산에 있는 모든 나무에서 열매를 따 먹어도 된다. 그러나 선과 악을 알게 하는 나무에서는 따 먹으면 안 된다."(창세 2,16-17)

구약 성경에서 선과 악을 아는 능력은 임금의 탁월한 자질 가운데 하나로 꼽는다. 대표적으로 솔로몬은 하느님에게 왕으로서 백성을 다스리는 데 필요한 덕목으로서 선과 악을 분별할 수 있는 지혜를 청하여 얻는다(1열왕 3,9.12). 이렇게 볼 때 선과 악을 분별하는 지혜의 원천은 하느님이시고, 인간은 하느님께 그런 지혜를 받아서 사용한다. 따라서 인간은 완전한 지혜를 지니신 하느님처럼 완벽하게 선과 악을 분별할 수는 없다. 선과 악을 완벽하게 분별하는 능력은 오직 하느님에게만 속한 것으로서 인간이 넘볼 수 있는 것이 아니다.

물론 우리는 살아가면서 어느 정도는 선과 악을 분별하면서 살아간다. 하지만 이 판단은 어디까지나 상대적이지 절대적인 것은 아니다. 예를 들어 살인자는 큰 잘못을 저지른 악한 사람이지만, 그렇다고 해서 그 사람은 절대적으로, 영원히 나쁜 사람이라고 단정 지을 수는 없다. 그가 진정으로 회개해서 완전히 다른 사람으로 변화될 수도 있기 때문이다. 반면 착한 사람이라도 큰 잘못을 반복해서 저지르면 엄청난 악인이 될 수 있다.

중세의 화가 레오나르도 다빈치(1452~1519년)는 그의 걸작 〈최후의 만찬〉을 그릴 때 예수님의 모델을 찾아 오랫동안 헤맸다고 한다. 어느 날, 어느 시골의 작은 성당에서 무릎을 꿇은 채 열심히 기도하는 청년을 발견하고 무심코 그 청년의 얼굴을 보았는데, 그 얼굴이 바로 그토록 찾던 그리스도의 얼굴이었다. 다빈치는 그 청년을 모델로 그리스도의 모습을 그려 낼 수 있었다. 그러나 마지막 한 사람, 유다에 이르러서는 더 이상 그림을 진척시킬 수가 없어 유다의 모델이 될 사람을 찾아 나섰다. 몇 년이 지난 후, 그는 우연히 술집에서 유다의 모델로 딱 들어맞는 주정뱅이 한 사람을 발견해서 그림을 계속 그릴 수 있게 되었다. 그런데 알고 보니 그는 몇 년 전 예수님의 모델이었던 사람이었다. 이렇게 사람은 극에서 극으로 변할 수 있는 존재다.

사람은 항상 변화할 가능성이 있기에 쉽게 판단하고 단정 지어서는 안 된다. 그러나 우리는 다른 이들에 대해 너무도 쉽게 '좋다, 나쁘다.' 판단하고 낙인을 찍는다. 그래서 사람들은 자기 내면을 드러내기를 두려워하고 꺼리는 것이다. 만일 어떤 사람이 나의 약점과 단점을 쉽게 판단하지 않고 인내로써 참아 준다면, 그 사람 앞에 나의 내면을 드러내기가 두렵지 않을 것이다. 아담과 하와가 알몸이었어도 부끄럽지 않았다는 것, 다시 말해서 서로의 내면을 있는 그대로 상대방에게 드러내 보여 주기를 꺼리지 않았다는 것은 그들이 서로를 쉽게 판단하지 않고 감싸 주면서 상호 간의 나약성을 악용하는 일이 없었기 때문이 아닐까? 바오로 사도의 표현대로 "모든 것을 덮어 주는 사랑"(1코린 13,7)이 있었기에 가능하지 않았을까?

현대는 무한 경쟁의 시대이기에 알게 모르게 서로의 약점과 허점을 최대한 이용해서 자신의 이득을 챙기려고 한다. 이렇게 서로 치열하게 생존 경쟁을 벌이면서 사람들은 마음에 상처를 입고 스트레스를 받으면서 살아간다. 마음의 상처가 큰 사람일수록 자신을 지키기 위해서 상대방에게 자기 내면을 꼭꼭 숨기고, 더 나아가서 그럴듯하게 보이는 가면을 만들어 쓰고 산다. 그런데 이런 가식의 삶은 모든 사람을 피곤하게 하고 지치게 하며 살맛을 잃게 한다. 이런 것이 도가 지나쳐 계속되면 지옥이나 다름없는, '생지옥'이 된다.

하느님의 이름으로 모인 교회 공동체는 이런 세상과는 다른 모습이어야 한다. "모든 것을 덮어 주는 사랑"을 보여 주신 하느님께서는 우리가 그런 사랑을 실천하기를 원하신다. 그래서 쉽게 판단하거나 단정하지 않고 서로의 나약함을 감싸 주고 참아 주는 공동체, 그래서 두려움 없이 서로 자신을 드러내어 보일 수 있는 공동체를 이루기를 원하신다. 그런 삶이 실현되는 곳이 바로 에덴동산이며 낙원이다.

낙원의 의미

 창세기 2장에 따르면, 하느님께서 아담과 하와에게 주신 에덴동산은 물이 풍부하고 여러 가지 과일나무가 무성한 '낙원'이다.

 "주 하느님께서는 동쪽에 있는 에덴에 동산 하나를 꾸미시어, 당신께서 빚으신 사람을 거기에 두셨다. 주 하느님께서는 보기에 탐스럽고 먹기에 좋은 온갖 나무를 흙에서 자라게 하시고, 동산 한가운데에는 생명나무와, 선과 악을 알게 하는 나무를 자라게 하셨다."(창세 2,8-9)

 '낙원'을 이렇게 표현한 것은 물이 귀한 광야에서 살던 유목민의 삶을 생각하면 충분히 이해가 간다. 광야에서 양 떼를 몰고 물과 목초지를 찾아다니던 유목민에게는 물과 초목이 풍부한 곳이 낙원이었다.

낙원으로 표현된 에덴동산은 인간이 하느님과의 일치 속에서 이웃과 화목하면서 평화롭게 사는 곳이다. 또한 자연과 조화를 이루면서 사는 곳이기도 하다. 아담이 하느님께서 창조하신 동물들 하나하나에게 이름을 붙여 주었다는 것은 동물로 대표되는 자연계와 조화를 이루었다는 뜻이다.

이사야 예언자는 자연계와 조화를 이루는 낙원의 모습에 대해 시적으로 아름답게 표현한다.

"늑대가 새끼 양과 함께 살고 표범이 새끼 염소와 함께 지내리라. 송아지가 새끼 사자와 더불어 살쪄 가고 어린아이가 그들을 몰고 다니리라. 암소와 곰이 나란히 풀을 뜯고 그 새끼들이 함께 지내리라. 사자가 소처럼 여물을 먹고 젖먹이가 독사 굴 위에서 장난하며 젖 떨어진 아이가 살모사 굴에 손을 디밀리라. 나의 거룩한 산 어디에서도 사람들은 악하게도 패덕하게도 행동하지 않으리니 바다를 덮은 물처

럼 땅이 주님을 앎으로 가득할 것이기 때문이다."(이사 11,6-9)

한마디로 낙원은 아담과 하와로 대표되는 인간이 하느님과 하나가 되어 서로서로 사이좋게 지내면서 자연계와 조화를 이루는 상태라고 하겠다.

예수님의 복음 선포에서 중심을 차지하는 하느님의 나라는 낙원을 뜻한다고 할 수 있는데, 예수님께서는 그 하느님의 나라를 자주 혼인 잔치에 비유하셨다. 아무도 소외되는 사람 없이 모든 이가 어울려서 즐겁게 음식과 술을 나누어 먹고 마시는 그런 조화와 기쁨의 상태가 바로 '하느님의 나라'이고 '낙원'인 것이다.

예수님께서는 그런 낙원의 모습을 보여 주시기 위해, 제자들이나 다른 여러 사람과 함께 자주 식사하셨다. 그 당시 유다인들의 관습을 거슬러 세리와 같은 죄인들과도 함께하셨다. 이는 하느님께서 죄인들까지도 포함한 모든 이가 낙원 같은 당신의 나라에 들어오기를 원하신다는 것을 의미한다.

예수님께서는 십자가에 못 박혀 돌아가시기 전날 밤에 마지막 중요한 행동으로, 제자들과 함께 식사하셨는데 그것이 바로 '최후 만찬'이다. 평소에도 함께하는 식사를 즐겨 하시던 분이 마지막 순간에도 제자들과 식사하시면서 "너희는 나를 기억하여 이를 행하여라."(루카 22,19) 하는 말씀까지 남기신다. 이런 점을 볼 때 식사 공동체는 예수님께 아주 핵심적이고 본질적인 의미를 지닌다는 것을 알 수 있다. 예수님께서 보여 주신 식탁의 공동체는 종말에 완성될 하느님의 나라를 앞당겨 보여 주는 것이다.

가톨릭 신자들은 매 주일 미사를 봉헌하는데, 그 미사를 통해 예수님께서 보여 주신 식탁의 공동체가 계속되고, 하느님 나라에 미리 참여하게 된다. 하느님 나라는 미래에 세상 종말 때 완성되지만, 예수님과 함께 이미 이 세상에서 시작되었다.

오늘날도 예수님께서 가르쳐주신 대로 하느님과 일치하고, 사람들이 서로 화합하여 친교를 이루는 곳에 하느님 나라는 그 모습을 드러낸다. 이 모습이 가장 분명하게 드러나는 곳이 가톨릭 교회의 중심 전례인 미사다. 미사는 서로 다른 사람들이 하느님의 이름으로 모여 서로 가진 바를 나누고 사랑을 실천함으로써, 한 형제자매, 한 가족이 되는 자리이기 때문이다.

교회는 미사를 통해 하느님 나라를 미리 맛보는 공동체로서, 오늘날과 같이 치열한 경쟁 사회에서 서로를 경계하며 힘들고 피곤하게 사는 이들에게 다른 형태의 삶이 가능하다는 것을 보여 줄 사명이 있다. 곧 하느님에 대한 믿음 안에서 예수님의 가르침을 따르며 서로 경쟁자가 아니라 가족처럼 화합하면서 평화롭게 지내는 모습을 삶으로 분명하게 보여 주어야 한다. 그럼으로써 교회는 '세상의 빛과 소금'(마태 5,13-16)이 되는 것이다.

창세기 2장이 전하는 창조 이야기는, 인간은 하느님으로부터 유래하고, 그래서 하느님과 함께할 때 진정으로 인간답게 행복하게 살 수 있다고 말한다. 또한 남녀는 동등한 품위를 지니면서 서로 협조하도록 창조되었고, 인간은 자신의 근본인 하느님과 일치할 때 다른 사람과 화합하고, 자연과 조화롭게 살면서 '낙원의 행복'을 누릴 수 있다는 메시지를 전해 준다. 하지만 이런 '낙원의 행복'은 인간의 잘못으로 인해서 깨져 버린다. 창세기 3장은 왜 그렇게 되었는지를 이야기해 준다.

3장

자비의 하느님, 죄인의 희망

창세기 3-11장

낙원을 깨뜨린 인간

 창세기 3장에 따르면, 낙원의 행복이 깨진 이유는 바로 인간의 잘못에 있다. 인간이 잘못하도록 유혹한 것은 악의 세력인데, 성경에서는 그 세력이 뱀으로 표현된다. 뱀은 다산多産의 상징으로서 당시 근동 지방의 다른 민족들 사이에서 신처럼 숭배되었다. 성경은 뱀을 못된 유혹자로 표현함으로써 뱀은 신이 아니라 단지 피조물에 불과하다는 점을 분명하게 말하고자 했다. 뱀은 상당히 교활하게 하와를 유혹한다.

> "하느님께서 '너희는 동산의 어떤 나무에서든 열매를 따 먹어서는 안 된다.'고 말씀하셨다는데 정말이냐?"(창세 3,1)

정말 뱀의 말처럼, 풍성한 열매가 주위에 널려 있는데 하나도 따 먹지 못한다면 가련하고 불쌍한 신세가 아닐 수 없다. 뱀은 하느님 말씀을 의도적으로 왜곡하여 하와의 처지를 동정해 주는 척하면서 관심을 끌고자 했다. 이렇게 악의 세력은 거짓을 도구로 사용하여 교활하게 사람을 유혹한다.

뱀의 질문에 하와는 아니라고 대답한다.

> "우리는 동산에 있는 나무 열매를 먹어도 된다. 그러나 동산 한가운데에 있는 나무 열매만은, '너희가 죽지 않으려거든 먹지도 만지지도 마라.' 하고 하느님께서 말씀하셨다."(3,2-3)

뱀은 거짓말로 하와가 일단 자신을 주목하게 만드는 데 성공한다. 이어서 뱀은 다시 한번 거짓으로 하와를 유혹한다.

> "너희는 결코 죽지 않는다. 너희가 그것을 먹는 날, 너희 눈이 열려 하느님처럼 되어서 선과 악을 알게 될 줄을 하느님께서 아시고 그렇게 말씀하신 것이다."(3,4-5)

이를 다른 말로 바꾸면, '어리석기는! 그게 아니고 하느님께서는 너희가 더 똑똑해질까 봐 두려워서 그걸 따 먹지 말라고 하신 거야.'일 것이다.

뱀은 하와에게 인간을 질투하면서 경쟁자로 여기는 옹졸한 신의 모습을 심어 주고자 한다. 충만한 사랑 때문에 인간을 창조하고 그 인간의 미래를 큰 은총으로 보살피는 하느님을 (마치 그리스 신화의 신들처럼) 인간의 행복을 시기하는 지극히 옹졸한 신으로 왜곡하려고 한 것이다. 결국 뱀은 하와가 하느님의 선하심을 의심하도록 유혹하고 선악과를 따 먹도록 한다. 뱀의 꾐에 넘어간 하와는 자신만 열매를 따 먹지 않고 자기 남편에게도 열매를 따서 건네준다. 여기서 죄는 전염된다는 점이 드러난다.

사람은 죄를 범하면 죄책감 때문에 불안해하는데, 거기서 벗어나려고 다른 사람을 죄에 끌어들이는 경우가 많다. 나 혼자가 아니라 다른 이들, 특히 가장 가까운 사람이 함께 죄에 연루되면 죄책감에서 벗어날 수 있기 때문이다. 그래서 범죄자는 공범자를 찾기 마련이다. 이렇게 죄에는 거의 필연적으로 전염성이 있다.

그러면 '선과 악을 알게 하는 나무의 열매를 따 먹고 하느님처럼 되어 선과 악을 알게 된다.'라는 말은 무슨 의미일까? 이는 인간이 하느님처럼 절대자의 위치를 차지해서 자기 스스로 무엇이 선이고 무엇이 악인지를 결정적으로 판단한다는 것으로 해석할 수 있다.

하느님께서는 인간의 겉모습만이 아니라 속마음까지도 꿰뚫어 보시고, 과거와 현재만이 아니라 미래의 가능성도 아시므로 그분의 판단은 제한된 시각을 지닌 인간의 판단과는 다를 수밖에 없다. 인간은 절대자가 아니기에 절대적으로 무엇이 옳은지 그른지를 단정적으로 말할 수는 없다. 항상 어떤 여지를 남겨 두어야 한다. 내 생각과 판단이 전부가 아니라는 여지, 선한 사람이 악한 사람으로 바뀔 가능성과 악한 사람이 회개해서 선한 사람이 될 가능성을 항상 열어 놓아야 한다.

절대자의 위치를 차지하여 단정적으로 선과 악을 판단하려는 것은, 절대자인 하느님에 대한 불신이며 교만이다. 그런 교만은 인간들이 서로 믿지 못하고 의심하며 경계하게 만든다. 인간이 절대적인 심판자의 눈으로 서로를 바라본다면, 그들은 허점과 허물이 있는 자신을 숨기게 된다. 바꿔 말하면 있는 그대로의 자기 모습, 곧 '알몸'을 부끄러워하고 가리려고 애쓰게 된다. 그래서 성경은 아담과 하와가 선악과를 따 먹자, "그 둘은 눈이 열려 자기들이 알몸인 것을 알고, 무화과나무 잎을 엮어서 두렁이를 만들어 입었다."(3,7)라고 말하는 것이 아닐까?

죄와 벌

하느님께서는 죄를 지은 아담과 하와가 당신과 마주하도록 부르신다. 우선 아담에게 "너 어디 있느냐?"(창세 3,9) 하고 물으신다. 전지전능하신 하느님께서 아담이 어디에 있는지 모르셔서 그렇게 물으셨을까? 그렇지 않다. 아담 자신이 어떤 상태에 있는지를 살펴보라는 의미로 물으신 것이다. '내가 그렇게 하지 말라고 했던 일을 해서 얻은 결과가 어떤 것인지 스스로 살펴보아라.' 하는 뜻의 물음이다.

우리가 잘못했을 때 하느님께서는 혼내고 야단치시기보다는 먼저 자신을 살펴보도록 요구하신다. 병을 고치기 위해서는 무슨 병인지를 정확히 진단해야 한다. 마찬가지로 죄에서 벗어나기 위해서는 우선 죄와 그 결과가 무엇인지 정확히 알아야 한다. 아담에 대한 하느님의 물음은 질책과 꾸중이 아니라 자신을 살펴보라는, 각성을 촉구하는 물음이다.

아담에 대한 하느님의 물음은 시공을 초월해서 우리 각자에게 던져지는 물음이기도 하다. 유다교 종교 철학자 마르틴 부버(1878~1965년)는 이야기를 통해 이런 점을 깨우쳐 준다.

> 어떤 사람이 랍비에게 물었다. "전지전능하신 하느님이 아담에게 '너 어디 있느냐?'라고 하셨는데, 이 말을 우리가 어떻게 알아들어야겠습니까?" 그러자 랍비는 "성경이 영원하고 모든 시대, 모든 세대, 모든 인간이 거기 담겼다고 믿습니까?" 하고 되물었다. "네, 믿지요." 하고 그는 대답했다. "그렇다면 시대마다 하느님은 사람 하나하나에게 '너는 네 세상 어디에 있느냐, 네게 주어진 몇몇 해가 지나고 몇몇 날이 지났는데, 그래, 너는 네 세상 어디쯤까지 와 있느냐?' 하고 물으십니다. 그러니까 하느님이 하시는 말씀은 말하자면, 하느님이 '너는 이제 마흔여섯 살을 살았는데 그래 어디쯤 와 있느냐?' 하는 식이지요." 하고 랍비는 말했다. 이 말을 듣고 그 사람은 "암 그럼요." 하고 고개를 끄떡였지만, 마음은 무척 떨렸다.[7]

"너 어디에 있느냐?"라는 하느님의 물음에 아담은 "동산에서 당신의 소리를 듣고 제가 알몸이기 때문에 두려워 숨었습니다."(3,10)라고 대답한다. 아담은 자신의 딱한 처지를 솔직하게 인정했지만, 그렇게 된 이유는 하와에게 있다고 핑계를 댄다.

"당신께서 저와 함께 살라고 주신 여자가 그 나무 열매를 저에게 주기에 제가 먹었습니다."(3,12)

아담은 한때 기쁨에 가득 차서 환호성을 지르면서 반겼던 하와에게 모든 탓을 돌린다. 이렇게 죄는 사람들 사이를 갈라놓아 상대방을 탓하면서 비난하게 만든다. 하느님께서 하와에게 "왜 그랬느냐?" 하고 물으시자, 하와도 발뺌한다.

"뱀이 저를 꾀어서 제가 따 먹었습니다."(3,13)

하느님께서 아담 내외와 묻고 대답하시는 가운데 죄의 결과가 분명하게 드러난다. 죄는 우선 인간과 하느님과의 관계를 일그러뜨린다. 인간의 죄로 인해서 바뀐 것은 세상이 아니라 인간 자신이고, 그 결과 하느님과 맺은 관계도 일그러진다. 하느님께서는 여전히 든든한 아버지와 자애로운 어머니와 같은 분으로 머물러 계시지만, 죄를 지어 하느님을 등지게 되면 그분을 더 이상 그렇게 느끼지 못한다. 빚진 사람이 빚쟁이를 두려워하듯, 범죄자가 경찰을 두려워하듯, 죄를 지은 인간은 하느님을 두려워하며 피하게 된다.

그런데 죄는 하느님과 인간 사이를 갈라놓는 것에 그치지 않는다. 인간과 인간 사이의 화합마저 깨뜨려 버린다. 이는 죄를 짓고 나서 아담이 더 이상 하와를 감싸 주지 않고 탓하는 데에서 드러난다.

하느님께서는 죄로 말미암아 일그러진 남녀 관계를 분명하게 지적해서 말씀하신다.

"너는 네 남편을 갈망하고 그는 너의 주인이 되리라."(3,16)

아내는 남편과 동등한 사랑의 관계를 원하지만, 남자의 지배에 종속되는 불평등한 관계가 시작된다. '남존여비'란 바로 이런 잘못된 관계를 정당화하고 고착하는 것이다. 죄로 인해 일그러진 남녀 사이는 오늘날에도 계속된다. 우리는 서로 더 잘해 주지 못해서 애달파하던 남녀가 서로에게 상처 낼 방법을 찾기에 골몰하는 사이로 변질되는 것을 종종 본다. 죄는 이렇게 사람을 서로 미워하고 싸우게 만든다.

죄는 인간과 자연의 조화도 깨뜨린다. 인간의 죄로 인해 망가진 자연 때문에 아담은 생존을 위해 고통과 시련을 겪어야 했다. 이는 아담에게 하신 하느님 말씀에서 잘 드러난다.

> "땅은 너 때문에 저주를 받으리라. 너는 사는 동안 줄곧 고통 속에서 땅을 부쳐 먹으리라. 땅은 네 앞에 가시덤불과 엉겅퀴를 돋게 하고 너는 들의 풀을 먹으리라. …… 얼굴에 땀을 흘려야 양식을 먹을 수 있으리라."(3,17-19)

사람의 잘못으로 인해서 생존의 터전인 대지가 가시덤불과 엉겅퀴가 가득한 황폐한 땅으로 변하는 상황은 지금도 계속된다. 인간은 마치 주인이 종을 마구 부리듯이 오랫동안 자연을 학대해 왔다. 자신의 끝없는 욕망을 채우고자 자연을 수탈해 온 것이다. 그래서 땅은 물론 공기와 물도 오염되고,

오존층이 파괴되었다. 때아닌 홍수와 가뭄 등의 기상 이변도 사람이 자연을 파괴했기 때문이라는 주장이 매우 설득력 있게 들린다. 오늘날 빈번하게 발생하는 자연재해는 결국 인간의 이기심으로 인한 결과, 즉 죄에 대한 벌이라고 하겠다.

아마 인간이 죄를 짓기 이전에도 노동은 수고스럽고 땀을 흘려야 하는 일이었지만, 인간은 그것을 지긋지긋해하지 않고 즐거운 놀이처럼 생각했을 것이다. 그러나 죄로 말미암아 노동은 한순간에 감당하기 벅찬 무거운 짐으로 바뀌었다. 사랑하는 사람을 위해서는 고된 일조차 힘들다고 생각하지 않지만, 서로의 관계가 일그러지면 그 일이 갑자기 참기 어려운 짐이 되어 짓누르는 것과 같은 이치라고 하겠다.

그런데 여기서 한 가지 의문이 생긴다. 하느님께서는 아담에게 에덴동산을 맡기실 때 선악과만은 따 먹지 말라고 당부하시면서, 이를 어기면 "너는 반드시 죽을 것이다."(2,17) 하고 말씀하셨다. 그렇다면 범죄 후에 아담은 죽어야 했는데, 죽지 않았다. 이것을 과연 어떻게 설명할 수 있을까?

우선 하느님께서 아담을 불쌍히 여기셔서 본래 정한 벌을 거두셨다고 해석할 수 있다. 이미 인간은 죄를 범함으로써 하느님을 두려워하게 되었고, 다른 인간과 불화를 겪어야 했으며, 자연과의 분열로 고통을 겪어야만 했다. 자비로우신 하느님께서는 인간의 이 비참한 처지를 보시고 가엾게 여기 셔서 애초에 생각하셨던 벌을 거두셨다고 생각할 수 있지 않을까?

하느님께서는 누가 악행을 저질렀더라도 뉘우치면 마음을 누그러트리시는 분이다. 일례로 요나 예언자가 하느님의 명을 받아 니네베 성읍이 40일이 지나면 무너진다고 선포하자, 임금과 대신을 비롯하여 백성 모두 회개하며 악행에서 돌아선다. 이 모습을 보신 하느님께서는 마음을 돌리시어 재앙을 내리시려던 계획을 거두신다(요나 3,1-10).

또한 이스라엘의 아합 임금에게서도 비슷한 일이 일어난다. 그는 아내 이제벨의 술수를 빌려 나봇을 죽이고 그의 포도밭을 차지하는 악행을 저지른다. 하느님께서는 엘리야 예언자를 보내시어 이 악행에 대한 벌로 아합의 자식들이 칼부림을 당하는 재앙을 볼 것이라고 예고하시지만, 아합이 뉘우치는 모습을 보시고는 그의 아들 대에 가서 벌을 내리시겠다고 약속하신다(1열왕 21,20-29). 이처럼 하느님께서는 아담과 하와가 처한 비참한 상황을 보시고 마음을 돌리시어 그들의 죽음을 면하게 해 주신 것이 아닐까?

하지만 어떤 의미에서는 하느님께서 아담에게 경고하신 말씀이 실현됐다고도 할 수 있다. 비록 물리적인 죽음이 오지는 않았지만, '실존적 죽음'을 겪게 되었다는 점에서 그렇다. 죄를 지으면, 살아 있어도 그 삶이 망가져서 결국은 죽은 것이나 마찬가지라는 뜻에서 '실존적 죽음'을 말할 수 있다.

죄로 인해서 하느님과의 일치가 깨지고, 인간과 인간 사이의 친교, 그리고 인간과 자연과의 조화가 깨지게 되었고, 그럼으로써 신뢰와 평안은 사라지고 불안과 두려움이 점점 커진다. 사람은 불안하고 두려울수록 신경질적이고 공격적으로 변한다. 서로 화합하고 일치를 이루어서 기쁨과 행복이 가득해야 할 인간의 삶이 일그러지고 망가져 버린 것이다. 망가진 삶은 생명보다는 죽음에 더 가깝다. 이런 의미에서 선악과를 따 먹는 날 반드시 죽으리라고 하셨던 하느님의 말씀은 이미 이루어졌다고 할 수 있다.

"너 어디 있느냐?"

하느님께서는 죄인이 죄에서 돌아서기를
바라시면서
거듭 용서하시고,
그들의 회개를 위해 끊임없이 은총을 베푸신다.

하느님의 자비

인간은 자신이 지은 죄의 결과를 스스로 짊어져야 했다. 하느님과의 일치, 인간 사이의 평화, 자연과의 조화가 깨져서 고통 속에 살게 된 것이다. 그러나 하느님께서는 '내 말 안 듣더니 결국 그렇게 됐지! 어디 혼 좀 나 봐라.' 하고 외면한 채 그냥 내버려 두는 매정한 분이 아니시다. 부모가 선반에 칼을 올려 두면서 어린아이에게 만지지 말라고 일러두었는데도, 아이가 그 말을 듣지 않고 칼을 갖고 놀다가 손을 베었다고 하자. 그 아이를 진정 사랑하는 부모라면 어떻게 할까? 화내고 야단치기보다는 바로 상처를 싸매어 주고 병원으로 데려갈 것이다. 하느님께서도 그렇게 행동하신다.

죄지은 인간을 보살피시는 하느님의 모습은 뱀에게 하신 말씀에서 잘 드러난다.

"나는 너와 그 여자 사이에, 네 후손과 그 여자의 후손 사이에 적개심을 일으키리니 여자의 후손은 너의 머리에 상처를 입히고 너는 그의 발꿈치에 상처를 입히리라."(창세 3,15)

고대 교부들은 이 구절에 먼 훗날 구세주를 보내 주시겠다는 하느님의 약속이 담겨 있다고 해석하였다. 리옹의 주교 이레네오 성인(130~202년)을 비롯하여 고대 교부들은 창세기 3장 15절을 '최초의 복음', 또는 '원복음原福音'이라고 불렀다. 그리스도의 오심이 본격적인 의미의 복음이라면, 그리스도가 오실 것을 예언한 첫 번째 소식도 복음, 기쁜 소식이라는 말이다. 하느님께서는 구세주를 보내시겠다는 약속을 통해 죄를 지어 벌을 받은 인간에게 희망을 심어 주셨다.

고통스러운 상황에서 언젠가는 벗어날 수 있다는 희망은 절망을 이겨 낼 힘과 용기를 준다. 상황이 아무리 어둡고 험난해도 작은 희망이 있으면, 사람은 그 상황을 견뎌 나갈 수 있다. 빅토르 프랑클 박사(1905~1997년)는 이에 대한 생생한 증인이다. 오스트리아의 심리학자인 프랑클 박사는 제2차 세계 대전 때 나치의 유다인 박해 때문에 강제 수용소로 끌려가 생지옥 같은 곳에서 3년을 지내고 풀려났다. 열악한 음식과 환경, 아무런 의료 시설조차 없는 곳에서 강제 노동에 시달리면서 수많은 이들이 죽어 나갔지만, 그는 그 시간을 이겨 냈다. 전쟁이 끝난 뒤 석방된 그는 어떻게 그 지옥 같은 곳에서 살 수 있었는가 하는 질문을 자주 받았다. 박사의 대답은 간단했다. 작은 희망을 붙들고 있었기 때문에 강제 수용소 생활을 견딜 수 있었다는 것이다. 언젠가 전쟁이 끝나면 사랑하는 아내와 가족을 만날 수 있다는 희망을 놓지 않았고, 그 희망은 생명을 1초, 1초 연장해 주었다. 이렇게 작은 희망이라도 있으면 사람은 어떻게든 살아갈 힘을 얻게 된다.[8]

창세기 3장 21절은 "주 하느님께서는 사람과 그의 아내에게 가죽옷을 입혀 주셨다."라고 한다. 이는 하느님께서 잘못한 인간을 완전히 내치지 않으시고 지켜 주신다는 뜻이다. 인간이 자신의 비참한 처지에 낙담하고 절망하여 자포자기하지 않도록 보호해 주시는 것이다. 하느님께서는 인간이 죄를 짓고 잘못을 범하더라도 그를 떠나지 않으시고 오히려 보호하고 지켜 주시는 자비로운 분이다. 하느님께서 인간과 함께하시는 이유는 그를 심판하고 단죄하기 위해서가 아니라 그를 구원하기 위해서다.

인간의 죄보다 큰
하느님의 자비

창세기 4장은 원조의 죄가 어떻게 그 후손에게 이어지고 온 인류에게 무섭게 퍼져 갔는가를 이야기한다. 원조로 인해서 세상에 들어온 죄는 마치 숲에 불이 번지듯 대를 이어 가면서 점점 커졌다. 하느님께서는 인간이 저지른 죄를 묻고 심판하신다. 하지만 그분은 자비와 은총을 끝까지 거두지 않으신다.

죄의 세력은 우선 그들의 아들 카인을 엄습하여 동생 아벨을 살해하는 죄를 범하게 하였다. 카인은 농부이고, 아벨은 양을 치는 목자였다. 둘 다 자신의 소출을 하느님께 제물로 바쳤는데, 하느님께서는 둘을 달리 대하셨다.

"세월이 흐른 뒤에 카인은 땅의 소출을 주님께 제

물로 바치고, 아벨은 양 떼 가운데 맏배들과 그 굳기름을 바쳤다. 그런데 주님께서는 아벨과 그의 제물은 기꺼이 굽어보셨으나, 카인과 그의 제물은 굽어보지 않으셨다. 그래서 카인은 몹시 화를 내며 얼굴을 떨어뜨렸다."(창세 4,3-5)

하느님께서는 왜 카인의 제물을 반기시지 않고 아벨의 제물만 반기셨을까? 히브리인들에게 보낸 서간 11장 4절은 "믿음으로써, 아벨은 카인보다 나은 제물을 하느님께 바쳤습니다."라고 그 이유를 설명한다. 아벨은 정성을 다해 가장 좋은 양을 바쳤지만, 카인은 아까워하는 마음에서 좋지 않은 곡식을 바쳤다는 것이다. 하지만 창세기 4장 본문에는 이런 해석을 뒷받침할 만한 아무런 근거가 발견되지 않는다.

일부 성서학자들의 주장에 따르면, 이 이야기의 배경에는 유목민 이스라엘과 농경민 가나안 토박이들 사이의 갈등이 깔려 있고, 두 문화 사이의 투쟁에서 하느님의 선택을 받은 민족은 유목민 이스라엘이라는 확신이 암시되어 있다고 한다. 또 다른 학자들은 카인과 아벨의 이야기를 쓴 야휘스트가 솔로몬 임금의 즉위를 정당화하기 위해서 항상 맏이보다는 둘째가 하느님의 사랑을 받아 선택된다는 주제를 즐겨 사용하였다고 해석하기도 한다. 나름대로 이치가 맞는 해석과 설명이지만, 이 이야기가 오늘날 우리에게는 어떤 의미가 있는지를 밝혀 주지는 못한다.

우리와의 연관성을 찾기 위해 심리적 접근을 시도해 본다. 카인이 화를 낸 것은 자기 아우 아벨이 하느님께 더 많은 사랑을 받는 것 같다는 생각 때문이 아닐까? 특별한 이유도 없이 하느님께서는 아벨을 택하셔서 아끼신다는 생각이 카인을 괴롭히지 않았을까? 불공평하다는 느낌이 들면서 아우에 대한 미움이 점점 더 커져 마음을 가득 채우지 않았을까? 같은 부모에게서 태어난 형제 간에도 유독 재주가 많거나 외모가 잘나서 부모나 주위 사람의 사랑을 독차지하는 경우가 있다. 그러면 다른 형제들은 은근히 질투하거나, 아예 드러내 놓고 미워하고 괴롭히기도 한다.

그런데 곰곰이 생각해 보면 이렇게 시기하고 질투하는 것은 정말 부질없는 짓이다. 모든 사람은 각자 고유한 특성을 갖고 태어났는데, 그 특성은 한 가지 잣대로 좋으니 나쁘니 하고 판단할 수 없기 때문이다. 자신을 다른 사람과 비교하면 자신이 하찮아 보여서 비참한 마음이 들기도 하고 질투와 시기심이 생길 수도 있다. 이런 것을 피하려면 자신의 고유한 특성을 찾아 소중히 여길 줄 알아야 한다.

어떤 어머니가 자식을 여럿 낳아 키우면서 느낀 소회를 이렇게 표현했다.

"공부 못하는 아이는 건강한 것만으로도 고맙고, 공부 잘하는 아이는 신통해서 고맙고, 말썽꾸러기 아이는 그 힘찬 고집이 고맙다."

사람에게 정말 중요한 것은 자신만이 지닌 고유함을 찾아서 그 가치를 깨닫는 것이다. 하나가 좋으면 다른 것이 덜 좋은 경우가 많다. 다른 이들의 이목을 집중시키는 재주와 용모를 지닌 사람은 바로 그것 때문에 우쭐하거나 교만하게 되기도 한다. 반면 비록 남의 주의를 끌 만한 두드러진 특성이 없더라도 자세히 보면, 정말 소중한 재능이 숨겨진 경우가 종종 있다. 꽃에 비유하자면, 장미는 그 아름다움으로 모든 사람의 사랑을 받지만, 날카로운 가시가 숨겨져 있다. 반면 길가에 핀 들꽃은 보잘것없지만 길 가는 사람의 눈길을 끌면서 사색에 잠기게 할 수도 있다.

'굽은 소나무가 선산을 지킨다.'라는 옛말이 있다. 곧게 쭉 뻗은 나무들은 일찌감치 베어져 건축 자재로 쓰이지만, 휘어진 소나무에는 누구도 주의를 기울이지 않는다. 하지만 그 볼품없는 나무가 나중에는 선산을 지키는 중요한 역할을 해낸다. 그러므로 한 가지 잣대로 누가 누구보다 잘났다, 못났다고 평가하는 일은 부질없고 어리석은 짓이다. 이런 점을 생각하지 않고 무작정 한 가지 잣대로 자신을 남과 비교하는 데서 불만과 질투가 생기고, 거기에서 비극이 싹튼다.

물론 나태한 자신을 자극하고 분발하기 위해 다른 사람과 비교하는 것은 가끔 필요하다. '저 사람은 나와 비슷한 환경에서도 열심히 노력해서 저런 성과를 거두었는데, 나는 너무 게으르고 안이했던 것이 아닐까? 이제부터라도 열심히 해 보자.' 이런 정도의 비교라면 축복에 가깝다. 그러나 적지 않은 경우 남과의 비교는 자신에게 부정적인 결과를 낳는다.

어느 신문에서 신혼부부 101쌍을 만나 결혼식과 관련된 취재를 했다. 대부분은 원래 결혼식을 작게 하려고 생각했는데, 일이 자꾸 커지더라는 말을 반복했다. 일이 커진 것은 남과의 비교 때문이었다. 결혼 당사자이든 부모든 조촐한 결혼식을 하려 했지만, 남과 비교하다 보니 비용이 눈덩이처럼 늘었다는 것이다.

인간의 이런 어리석은 모습을 꿰뚫어 본 덴마크 철학자 쇠

렌 키르케고르(1813~1855년)는 "비교에서 모든 비극이 나왔다."라는 말을 남겼다. 공연히 남과 비교하고 자신을 들볶으면서도 인간을 만물의 영장이라 말할 수 있을지 의구심이 든다.

> "키 작은 채송화는 자신을 키 큰 해바라기에 견주어 열등감을 갖지 않고, 따라서 발돋움 따위도 하지 않는다. 스스로 만물지장萬物之長을 자처하는 인간이 채송화의 자유와 슬기도 누리지 못한 채, 있을 까닭도 없고 있을 필요도 없는 열등감, 우월감으로 고통을 주고받는다는 사실이야말로 얼마나 한심한 역설인가?"[9]

하느님께서는 아벨과 자신을 비교하면서 화를 내는 카인을 타이르시고 경고하신다.

> "네가 옳게 행동하면 얼굴을 들 수 있지 않으냐? 그러나 네가 옳게 행동하지 않으면, 죄악이 문 앞에 도사리고 앉아 너를 노리게 될 터인데, 너는 그 죄악을 잘 다스려야 하지 않겠느냐?"(창세 4,7)

이 말씀을 다음과 같이 바꿔 볼 수 있겠다.

'아벨과 너 자신을 비교하는 것은 옳지 않다. 아벨을 바라보는 눈을 너 자신에게 돌려라. 너 자신을 살펴보고 네 안에 숨겨진 보물을 찾아라. 남을 질투하는 부정적인 마음에는 죄악이 뿌리내리기 쉽다. 죄악이 네 마음을 차지하지 않도록 조심하고 경계해야 한다.'

카인은 동생 아벨과 비교하고 화를 내기보다는 자신을 살펴보고 자신의 가치를 찾아내야 했다. 하지만 카인은 그렇지 못했기 때문에 동생에게 심한 열등감을 지니게 되었고, 그 열등감은 사람을 해치는 악마적인 힘으로 돌변했다. 결국 카인은 아벨을 미워한 끝에 들로 불러내어서 죽여 버린다. 사람을, 그것도 친동생을 죽이는 엄청난 죄를 저지른 것이다. 하느님께서 창조하신 생명을 미워하는 것도 모자라 아예 그 생명을 없애 버렸다. 죄의 무게가 더 무거워지고, 죄질이 더 나빠졌다. 잘못된 비교와 그로 인한 질투는 정신적으로만이 아니라 물리적으로 사람을 해칠 수 있다.

만일 카인이 아벨과 자신을 나란히 놓고 견주어 보지 않았더라면 이런 파국은 면할 수 있었을 것이다. 아울러 아벨과 자신은 분리될 수 없는 한 형제, 한 뿌리라는 사실을 제대로 보고, 아벨의 제물이라도 받아들여졌으니 그나마 다행이라고 생각했더라면, 아우의 생명을 뺏는 비극은 일어나지 않았을 것이다. 카인과 아벨 이야기의 핵심이 잘못된 비교와 그로 인한 질투와 시기 그리고 폭력에 있다고 한다면, 이 이야기는 오늘날 우리 안에서도 여전히 반복되는 것이 아닐까?

하느님께서는 엄청난 죄를 범한 카인에게 다가오셔서 물으신다.

"네 아우 아벨은 어디 있느냐?"(4,9ㄴ)

하느님께서는 죄를 지은 아담에게 자신의 처지를 살피도록 이끄는 질문을 하셨던 것처럼, 동생을 죽인 카인에게 그런 질문을 던지신다. 카인은 퉁명스럽게 대답한다.

"모릅니다. 제가 아우를 지키는 사람입니까?"(4,9ㄷ)

사람들은 대부분 자신의 잘못 앞에서 이렇게 책임 회피를 한다. 잘못의 책임을 남에게 전가하거나, 자신은 잘못과 관련이 없다고 강변한다. 그러나 모든 것을 보고 아시는 하느님 앞에서는 이런 책임 회피가 통하지 않는다. 하느님께서는 카인이 범한 잘못을 드러내 밝히시고, 잘못에 대한 벌이 어떤 것인지 말씀하신다.

> "네가 무슨 짓을 저질렀느냐? 들어 보아라. 네 아우의 피가 땅바닥에서 나에게 울부짖고 있다. …… 네가 땅을 부쳐도, 그것이 너에게 더 이상 수확을 내주지 않을 것이다. 너는 세상을 떠돌며 헤매는 신세가 될 것이다."(4,10.12)

하느님께서는 무고한 희생자를 잊어버리지 않으시고 가해자에게 책임을 물으신다. 이런 점은 로마의 건국 신화와 비교하면 더욱 분명해진다.

고대 로마의 건국자로 알려진 로물루스에게는 레무스라는 쌍둥이 동생이 있었다. 그런데 이 둘 사이에 주도권 다툼이 벌어지고, 결국은 형 로물루스가 레무스를 죽이고 로마를 세운다. 그 후 로물루스는 로마 건국의 주역으로 추앙을 받았고, 레무스는 신으로 추대되어 신전에 모셔져 섬김을 받았다. 왜 레무스를 신으로 추대했을까? 동생을 죽이고 주도권을 쟁취한 형 로물루스의 잘못을 숨기기 위해서다. 억울하게 죽은 경쟁자를 슬쩍 미화함으로써 현재 권력을 쥔 승자의 잘못을 숨기고 덮어 두려고 한 것이다.

카인과 아벨의 이야기에서도 로마의 건국 신화와 비슷하게 형제간의 다툼과 살해라는 주제가 등장한다. 그러나 여기에서는 억울하게 죽은 동생 아벨을 미화함으로써 그를 죽인 형 카인의 죄를 덮어 두려는 시도가 보이지 않는다. 그 대신 하느님께서 무고한 희생자 아벨이 어디 있느냐고 물으심으로써, 카인의 잘못을 분명하게 지적하신다. 이를 통해 성경의 하느님께서는 약자와 희생자의 편에 서 계신 분임이 드러난다. 하느님께서는 인간의 죄와 잘못을 흐지부지 넘기지 않으시고, 억울한 사람들의 눈물과 고통을 분명하게 기억하고 책임을 물으신다.

하느님 앞에서 자신의 죄가 밝혀지고, 죄에 대한 벌이 선고되자, 카인은 하소연한다.

"그 형벌은 제가 짊어지기에 너무나 큽니다. …… 세상을 떠돌며 헤매는 신세가 되어, 만나는 자마다 저를 죽이려고 할 것입니다."(4,13-14)

하느님께서는 질투에 사로잡혀 동생을 죽인 카인의 호소를 들으시고 다음과 같이 말씀하신다.

"아니다. 카인을 죽이는 자는 누구나 일곱 곱절로 앙갚음을 받을 것이다."(4,15)

하느님께서는 동생을 죽인 죄인 카인에게도 당신의 자비를 거두지 않으신다.

'하느님께서 죄인에게 너무 관대하신 것이 아닌가? 죄인에게 자비를 베풀면 또 죄를 범할 것이 아닌가?'라는 의구심이 들 수도 있다. 그러나 하느님의 길은 인간의 길과는 다르고, 그분은 마음은 우리 마음보다 훨씬 더 크다.

에제키엘서에서는 하느님께서 죄인의 처벌보다는 회개하여 살기를 원하신다고 말씀하신다.

"나는 악인의 죽음을 기뻐하지 않는다. 오히려 악인이 자기 길을 버리고 돌아서서 사는 것을 기뻐한다. 돌아서라. 너희 악한 길에서 돌아서라."(에제 33,11)

예수님께서는 아버지 하느님의 이런 구원 의지를 받들어서 죄인에게 자비를 베푸시면서 이렇게 말씀하신다.

> "건강한 이들에게는 의사가 필요하지 않으나 병든 이들에게는 필요하다. 나는 의인이 아니라 죄인을 부르러 왔다."(마르 2,17)

하느님께서는 죄인이 죄에서 돌아서기를 바라시면서 거듭 용서하시고, 그들의 회개를 위해 끊임없이 은총을 베푸신다. 그래서 바오로 사도는 "죄가 많아진 그곳에 은총이 충만히 내렸습니다."(로마 5,20)라고 말한다. 하느님 안에 무한한 용서가 있음을 믿는 이라면 자신의 죄와 잘못 때문에 낙담하지 않고 다시 일어서서 희망을 품고 앞으로 나아갈 수 있다.

카인이 동생 아벨을 죽인 이야기는 인간의 죄가 부모에게서 그 자식의 대로 확산하였다는 것을 말해 준다. 그런데 그 죄는 점차로 가족의 차원을 넘어서 온 인류의 차원으로 퍼져 나간다. 노아의 이야기가 시작되는 첫머리에 이런 설명이 나온다.

> "주님께서는 사람들의 악이 세상에 많아지고, 그들 마음의 모든 생각과 뜻이 언제나 악하기만 한 것을 보시고, 세상에 사람을 만드신 것을 후회하시며 마음 아파하셨다."(창세 6,5-6)

원조에게서 시작된 죄가 가족 안에 퍼지더니, 노아 시대에 이르러서는 세상에 가득 차게 되었던 것이다.

본래는 좋게 창조된 인간 세상이 죄악으로 가득 차게 되었다. 그러자 하느님께서는 큰 홍수를 일으켜 인류를 멸망시키신다. 하지만 올바르게 살던 노아의 가족만은 하느님의 은총으로 살아남아 인류의 맥을 잇게 된다. 대홍수가 지난 다음, 하느님께서는 노아와 계약을 맺으시면서 다시는 물로 사람과 짐승을 쓸어버리지 않겠다고 약속하신다(9,12-17). 이렇게 하느님께서는 인간의 엄청난 죄악을 벌하시면서도 은총을 아주 거두지 않으셨다. 여기서 하느님의 자비와 은총이 인간의 죄와 잘못보다 크다는 것이 드러난다.

대홍수를 거치고 나서 새 세상이 시작되었지만, 죄가 완전히 사라진 것은 아니었다. 어느새 인간의 마음에 죄가 스며들어 널리 퍼지게 되었다. 창세기 11장에 나오는 바벨탑의 이야기가 바로 이 사실을 말해 준다. 사람들은 하느님을 등지고 자신을 세상의 중심으로 삼으려 한다.

> "자, 성읍을 세우고 꼭대기가 하늘까지 닿는 탑을 세워 이름을 날리자. 그렇게 해서 우리가 온 땅에서 흩어지지 않게 하자."(11,4)

사람들은 하느님을 공경하기 위해서가 아니라 자신들의 이름을 날리기 위해서 탑을 쌓는데, 이는 인간이 하느님 자리를 차지하려는 욕심에서 기인한 것이다.

하느님의 모습대로 창조된 인간(1,27)은 자신의 근원인 하느님을 중심으로 삼고 그분과의 일치 안에서 사는 것이 마땅하다. 하지만 아담과 하와의 범죄 이래로 인간 마음 깊은 곳에는 '하느님처럼 되려는 욕심'(3,5)에서 자신이 하느님의 피조물임을 교묘하게 부정하고 이 세상의 중심이 되려는 경향이 자리한다. 이런 경향을 따라가서 하느님보다는 자신에게 초점을 맞추고 살면 죄를 범하는 것이다. 이렇게 인간이 죄에 기울기 쉽다는 것을 잘 아신 예수님께서는 '주님의 기도'를 가르쳐 주시면서 '아버지의 이름이 거룩히 빛나시기'를 청하라고 하신 것이 아닐까?

악의 세력일수록 잘 모이고 잘 뭉친다. 마치 폭력배나 마피아가 자기들끼리는 잘 모이고 단합도 잘하는 것처럼 말이다. 하지만 악인들의 결속과 단합이 아무리 견고해 보여도 하느님 앞에서는 무력하다. 하느님께서는 당신을 등지고 자신들의 이름을 날리려고 높은 탑을 쌓던 사람들을 뿔뿔이 흩어 버리신다. 그들의 말을 뒤섞어 놓아 서로의 말을 알아듣지 못하게 만들어 버리셨던 것이다.

그들이 쌓다가 중단한 탑은 바벨이라고 불린다. 바벨은 '뒤섞는다', '혼란시키다'라는 히브리어 '발랄balal'과 발음이 비슷하다. 아울러 바벨은 '바빌론'으로 지칭되는 도시와도 연결된다. 성경에서 바빌론은 일정 지역만을 의미하지 않고 하느님을 저버린 사회를 상징하기도 한다. 하느님께 충실한 이들을 박해하는 곳(다니 3장), 쾌락과 죄악, 미신이 만연한 곳(이사 47,8-13), 사치와 향락으로 멸망을 자초하는 도시(묵시 17-18장)를 바빌론이라고 부른 것이다.

바빌론은 과거만이 아니라 현재에도, 미래에도 얼마든지 존재할 수 있다. 피조물이 하느님 자리를 차지하는 곳에 바빌론이 생겨난다. 하느님 대신 재물과 권력이 숭배되고, 참된 사랑은 사라지고 성적 쾌락만 남아 있으며, 헐벗고 굶주린 이들을 외면하고서 사치와 향락을 일삼는 이들이 넘쳐나는 곳이 바로 바빌론이다.

바벨탑의 이야기는 악의 세력이 일사불란하게 움직이며 강력하게 보이지만, 전능하신 하느님 앞에서는 무력하다는 것을 알려 준다. 장마 때 곰팡이가 아무리 기승을 부려도 햇빛이 비치면 맥을 못 추고 사라지는 것과 같다. 바벨탑 이야기에는 죄와 악의 세력이 아무리 기승을 부리며 우리를 괴롭히더라도 결국에는 하느님께서 이 세력을 누르고 승리하시리라는 희망이 담겨 있다.

창세기 11장은 바벨탑의 이야기와 함께 죄악이 세상에 다시 가득하게 되었다는 것으로 끝을 맺는다. 그러면 앞으로 어떻게 될 것인가? 다시 노아의 홍수와 같은 재난으로 세상이 멸망하고 다시 새롭게 시작될 것인가? 하느님께서는 스스로 그렇게 하지 않으시겠다고 선언하셨다. 노아에게 다시는 홍수로 땅을 멸하지 않겠다고 약속하셨던 것이다(창세 9,11.15).

하느님께서는 인간의 구원을 위해 새로운 문을 여신다. 노아의 홍수 때처럼 죄의 어두움이 가득 찬 세상을 모조리 멸하시는 것이 아니라, 세상의 어둠을 밝혀 줄 등불 하나를 만드신다. 하느님께서는 한 사람, 곧 아브라함을 택하여 당신을 믿고 희망하는 삶이 어떠한 것인지 보여 주고자 하신다. 진정한 행복의 길은 하느님을 등지고 자신에게 집착하는 것이 아니라, 하느님과 함께하면서 그분에게 자신을 온전히 의탁하는 데 있음을 보여 주시려는 것이다. 그래서 다른 이들도 선택된 이의 삶을 보고서 진정한 행복의 길을 가도록 하시려는 것이다. 이렇게 아브라함을 선택하심으로써 인간의 죄와 하느님 은총의 역사는 새로운 국면으로 접어든다. 아브라함과 함께 구원 역사에 있어서 새로운 장이 열리기 시작한 것이다.

4장

아브라함, 하느님께서 마련하신 희망의 등불

창세기 12-50장

아브라함은 하느님께서 약속하신 것을 능히 이루실 수 있다고 믿고 희망했다. 그는 "나는 너를 큰 민족이 되게 하겠다."라는 하느님의 약속(창세 12,2)을 믿었고, 그 약속이 이루어질 날을 기다렸다. 아브라함의 나이가 백 살가량이 되어 그 몸이 이미 죽은 것이나 다름없고 아내 사라의 모태도 죽은 것이나 마찬가지였지만, 끝내 희망을 버리지 않았다. 이런 아브라함에 대해 바오로 사도는 찬사를 아끼지 않는다.

"아브라함은 자기가 믿는 분, 곧 죽은 이들을 다시 살리시고 존재하지 않은 것을 존재하도록 불러내시는 하느님 앞에서 우리 모두의 조상이 되었습니다. 그는 희망이 없어도 희망하며, '너의 후손들이 저렇게

많아질 것이다.' 하신 말씀에 따라 '많은 민족의 아버지'가 될 것을 믿었습니다."(로마 4,17-18)

아브라함은 무에서 세상 만물을 만들어 내신 창조주 하느님에 대한 믿음으로 불굴의 희망을 간직했다. '믿음에 있어서 만민의 조상'인 아브라함은 하느님을 믿고 그분께 희망을 두는 이들이 어떻게 살아야 하는지를 보여 주었다. 하느님께서는 아브라함이라는 '등불을 마련하여 등경 위에 놓으심으로써'(마태 5,15) 신앙인들에게 당신을 따르는 길을 비춰 주신다.

하느님의 말씀을
듣고 따르는 사람

하느님께서 어느 날 메소포타미아 하란(튀르키예 동남부 샨르우르파에 있는 고대 도시)에 사는 아브라함에게 "네 고향과 친족과 아버지의 집을 떠나, 내가 너에게 보여 줄 땅으로 가거라."(창세 12,1)라고 말씀하셨다.

아브라함은 하느님의 말씀을 듣고 그대로 따랐다. 아브라함의 역사는 이렇게 하느님 말씀을 충실히 따른 것으로 시작된다. 첫 인간 아담과 하와는 하느님의 말씀에 불순종함으로써 원죄를 범하였지만(3,1-7), 아브라함은 하느님의 말씀에 순종함으로써 '믿음의 조상'이 되었다.

성모님도 아브라함 못지않게 하느님 말씀에 충실히 순종하신 분이다. 어느 날 나자렛 처녀 마리아에게 가브리엘 천사가 나타나서 구세주의 어머니가 될 것이라는 하느님의 구원 계획을 전한다. 성모님은 요셉과 정혼한 사이였지만, 아직 함께 살기 전이었다. 그분은 처녀의 몸인데, 어떻게 아이를 가질 수 있느냐고 반문한다. 천사가 '성령이 너에게 내려오시면 가능하다, 하느님께는 불가능한 일이 없다.' 하고 대답하자, 성모님은 하느님의 계획을 받아들인다.

"저는 주님의 종입니다. 말씀하신 대로 저에게 이루어지기를 바랍니다."(루카 1,38)

당시 유다 사회에서는 처녀의 몸으로 임신한 사실이 알려지면, 율법에 따라 간음죄로 단죄를 받아 목숨을 잃을 수도 있었다. 그럼에도 성모님은 전능하신 하느님을 믿는 마음으로 천사를 통해 전해진 그분 말씀에 순종하신 것이다. 성모님의 이런 순종으로 아담과 하와 이래로 죄로 물든 인류를 구원하실 구세주가 세상에 오실 수 있었다. 리옹의 이레네오 성인은 하느님에 대한 성모님의 순종이 구세사에서 어떤 중요성을 지니는지, 하와와의 비교를 통해 이렇게 설명하였다.

"하와의 불순명이 묶어 놓은 매듭을 마리아의 순명이 풀어 주었고, 처녀 하와가 불신으로 맺어 놓은 것을 동정 마리아가 믿음으로 풀었다."

아브라함의 후손이며 성모님의 아들이신 예수님도 하느님의 뜻과 말씀에 철저히 순종하신 분이다. 그분은 가족이 당신을 찾아왔을 때 하느님 나라에서의 가족의 조건은 하느님의 말씀을 듣고 따르는 것임을 강조하셨다.

> "내 어머니와 내 형제들은 하느님의 말씀을 듣고 실행하는 이 사람들이다."(루카 8,21)

또한 예수님께서는 당신 발치에 앉아 당신의 말씀을 귀 기울여 듣는 마리아가 좋은 몫을 택했다고 칭찬하신다(루카 10,42).

그리스도인은 성모님의 모범에 따라, 그리고 주님이신 예수님의 가르침에 따라 하느님의 말씀을 듣고 따르는 사람이 되어야 한다. 하느님의 말씀을 경청하면, 삶의 방향을 올바로 잡을 수 있어서 잘못된 길에 빠지지 않게 된다.

물론 하느님 말씀을 귀담아듣지 않고도 살 수 있다. 하지만 그런 삶은 질서를 잃고 뒤죽박죽이 되기 쉽다. 마치 난시청 지역에서 안테나를 세우면 텔레비전 화면이 또렷하지만,

그렇지 않으면 화면이 흐릿한 것과 같다. 우리 삶의 '안테나'가 하느님 말씀을 향해 있을 때 비로소 우리 삶의 '화면'이 선명해져 무엇을 우선해서 해야 할지, 그것을 어떻게 해야 할지, 또 피해야 할 것이 어떤 것인지를 식별하게 되어 생활이 정리된다.

가톨릭 신자들은 미사 때 교회가 정한 독서와 복음을 통해서 하느님의 말씀을 규칙적으로 듣는다. 하지만 얼마나 그 말씀에 귀 기울이고 그것을 삶의 기준으로 삼고 사는가 하는지는 의문이다. 평소 하느님 말씀을 삶의 중심에 두지 않으면, 갑자기 어려운 일이 생겼을 때 하느님 말씀을 들으면서 거기서 길을 찾기보다는 다른 데에 의지하기 쉽다.

해마다 대학 수학 능력 시험 때가 되면 철학관에 가서 점을 보는 신자들이 적지 않다. 언젠가 수능 시험을 앞두고 교계 신문의 한 기자가 서울 길음동의 유명 무속인을 찾아가 취재했는데, 손님 열 명 중에서 두 명이 가톨릭 신자라고 했다. 어떤 신자는 부적을 받아 간 후 아이가 명문대에 합격하자 고마움을 표시하러 다시 찾아와 웃돈을 얹어 주며 점집에 차려 놓은 신단에 큰절까지 하고 갔다고 한다. 유감스럽게도 신자들이 자녀의 수능이나 혼사를 앞두고 점을 보러 가는 일은 지금도 계속된다.

하느님을 믿는다고 하면서 급할 때는 우상에게 기대는 것은 일종의 양다리를 걸치는 것이며 하느님에 대한 신의를 저버리는 짓이다. 그런 짓을 하면서도 부끄러운 줄 모른다면 정말 한심한 사람이다. '고해성사를 보면 된다.' 하면서 습관적으로 점을 보는 신자들이 적지 않다니 참으로 개탄스럽다.

평소 하느님께 굳건히 의지하면서 그분 말씀을 삶의 지침으로 삼는 신앙인이라면 이런 한심한 행동은 하지 않을 것이다. 어느 사형수의 이야기가 시사하는 바가 크다.

제가 있던 방에 정신이 약간 모자란 친구가 하나 있었는데, 얼굴도 혐오스럽게 생겼고 먹는 것은 남들 세 배는 먹지만 일은 하기 싫어했습니다. 그리고 거짓말을 밥 먹듯 하고 방 사람들을 능멸하여 모두 미워하였습니다. 아니, 미움이 쌓여 나중에는 증오하기까지 하였습니다. 감방 안에 갇혀 있으니 피할 수도 없고 미칠 노릇이었습니다. 나중에는 견딜 수가 없어 사고를 칠 것 같아 주님께 매달렸습니다. '주님, 저 나쁜 놈을 어떻게 하면 좋겠습니까?' 하며 당신의 가르침대로 하겠다고 말씀드린 뒤 성경을 펼쳤

더니 주님께서 제자들의 발을 씻어 주시는 대목이 나왔습니다. 저는 그를 불러 두껍고 까칠까칠한 발을 씻어 주었습니다. 방 안 사람들과 그 친구조차 믿어지지 않는 광경에 어안이 벙벙해했습니다. 그런데 발을 씻는 그 짧은 시간 동안 제 안에 있던 미움과 증오는 사라지고 평화로 가득 찼습니다. 주님께서는 그렇게 용서와 사랑하는 법을 일깨워 주셨습니다.[10]

이 사형수는 비록 큰 잘못을 저질러 중형을 받고 감옥에 갇힌 몸이 되었지만, 하느님 말씀을 모든 판단과 행동의 기준으로 삼았다는 점에서는 신앙인에게 모범이 된다. 특별히 어려움을 당한 때일수록 다른 데에 눈을 돌리지 말고 하느님 말씀에 귀를 기울이고 그분에게 희망을 두어야 한다.

하느님의 말씀을 어떻게 들을 수 있을까? 하느님께서는 사람이 사람에게 하는 것처럼, 얼굴을 맞대고 말씀하시지는 않는다. 대부분 간접적인 방법으로 말씀하신다. 하느님께서는 각자의 양심을 통해서, 때로는 자연을 통해서, 어떤 때에는 이웃을 통해서 말씀하신다. 가장 확실하게는 성경을 통해 우리에게 말씀을 건네신다. 성경을 통해 들려오는 하느님의 말씀을 들으려면, 우선 고요한 가운데 마음을 가라앉혀야 한다. 여기저기에 마음을 빼앗기면서 바쁘게 지내면, "조용하고 부드러운 소리"(1열왕 19,12)로 들려오는 하느님의 말씀을 듣기 어렵기 때문이다. 주파수를 제대로 맞추어야 라디오에서 나오는 소리를 알맞게 들을 수 있는 것과 같은 이치다.

보름달이 연못 위에 비친다고 할 때, 연못 물이 바람에 흔들리기라도 하면 아무리 휘영청 밝은 보름달이라 해도 물 위에 제대로 비치지 않는다. 물결이 잔잔해져야 비로소 달이 수면에 비치는 것이다. 마찬가지로 흩어진 마음을 모으고 복잡한 마음을 차분히 가라앉힐 때 비로소 하느님 말씀이 마음에 와닿을 수 있다. 성경 말씀에 대해 '재미없다, 따분하다, 별 의미를 느끼지 못하겠다.'라고 불평하는 이들이 많다. 하지만 그 말씀을 알아듣기 위해서 얼마나 내적 준비를 했는지를 먼저 반성해 보아야 할 것이다.

현대인은 건강한 몸을 만들기 위해, 외적인 아름다움을 가꾸기 위해 많은 시간과 노력을 할애한다. 없는 시간을 쪼개고 잠까지 줄여 가면서 건강하고 아름다워지려고 애를 쓰는데, 영혼의 건강과 아름다움을 위해서 들이는 시간과 노력은 얼마나 될까? 신앙인은 영혼의 양식인 하느님의 말씀에 맞들이기 위해 시간을 내고 노력을 기울여야 한다.

모두 그런 것은 아니지만, 미사 시간이 임박해 성당에 허둥지둥 뛰어 들어와 자리에 앉게 되면, 마음이 미처 가라앉지 않아 독서와 복음 말씀을 들어도 귀에 들어오지 않을 것이다. 이렇게 해서는 하느님 말씀에 맛 들이기가 어렵다. 하느님의 말씀에 감동하고 거기서 영적인 힘을 얻으려면, 일종의 '예습과 복습'이 필요하다. 예를 들면 미사 전에 미리 독서와 복음 말씀을 읽고 마음에 새기는 것이 '예습'이고, 미사 후에 독서나 복음 중에서 마음에 와닿은 구절이 있으면 기억해 두고 반복해서 되새겨 보는 것이 '복습'이다. 이런 예습과 복습 과정에 충실하면, 미사 때에 봉독되는 성경 말씀이 살아 있는 말씀이 되어 생각과 마음을 선한 쪽으로 이끌어 줄 것이다. 그러면 시편의 저자처럼 이렇게 노래할 것이다.

"당신 말씀은 제 발에 등불, 저의 길에 빛입니다."
(시편 119,105)

길 떠나는 사람

하느님께서 아브라함에게 주신 첫 말씀은 '떠나라'였다.

"네 고향과 친족과 아버지의 집을 떠나, 내가 너에게 보여 줄 땅으로 가거라."(창세 12,1)

고향과 친척, 부모를 떠나는 것은 결코 쉬운 일이 아니다. 더구나 한 장소에 정착해 땅도 마련하고 집도 지어 안정되고 편안하게 문명 생활을 해 오던 유목민이 거칠고 험한 광야로 다시 나가 떠돌이로 살려면 단단한 각오가 있어야 한다.

게다가 아브라함은 이미 나이가 75세였다. 이런 나이에 미지의 세상으로 떠난다는 것은 큰 모험이다. 지금처럼 길이 잘 뚫린 것도, 교통수단이 좋은 것도 아니고, 맹수와 도적이

나타날 위험을 무릅쓰면서 황량한 벌판을 걸어서 이동해야 하는 고되고 힘든 여정이다. 하지만 아브라함은 오로지 하느님만 믿고 그분께 희망을 두면서 두려움과 염려를 접어 둔 채 익숙한 환경을 뒤로하고 낯선 세계를 향해 떠나간다.

예수님께서도 당신 제자들에게 집과 형제자매 그리고 부모를 떠날 것을 요구하셨다. 베드로는 고기를 잡다가 예수님의 부르심을 받고 즉시 배와 그물을 버리고 그분을 따른다.

"나를 따라오너라. 내가 너희를 사람 낚는 어부가 되게 하겠다."(마르 1,17)

또한 세리 마태오는 자신의 일터인 세관에 앉아 있다가 길을 지나가시던 예수님께서 "나를 따라라." 하고 부르시자, 바로 그분을 따라나선다(마태 9,9).

예수님께서 제자들에게 하셨던 요구, 가족과 친지와 고향을 모두 버리고 떠나야 한다는 요구는 오늘날의 신앙인에게도 해당한다. 이런 말을 들으면 '성직자나 수도자라면 모를까, 일반 신자들에게는 실천 불가능한 요청이 아닐까.' 하는 의구심이 들 수 있다. 하지만 '떠나라'는 말씀을 공간적 의미로만이 아니라 정신적인 의미로도 이해할 수 있다고 생각하면 사정이 달라진다. 즉 '시선을 익숙한 데에만 두지 말고 미지의 것으로 향해라', '자신의 울타리를 벗어나라', '편견을 버려라', '아집에서 벗어나라' 하는 의미로 말이다.

사람이 태어나 자라고 성장하여 자기 역할을 하기 위해서는 부모와 가족, 친척, 친지들의 도움이 꼭 필요하다. 이들과 함께하고 이들에게 영향을 받으면서 세계관, 가치관, 신앙관 등이 형성된다. 이는 자연적 이치요 순리다.

이렇게 사람은 일반적으로 부모와 가족의 울타리 안에서 한 인격체로 성장하지만, 다른 한편으로는 부모와 가족의 울타리를 벗어나지 못하고 그 안에 갇힐 수도 있다. 그렇게 되면 울타리 너머의 넓은 세상을 보지 못하게 되고, 오로지 내 가족, 내 부모만 감싸고 돌게 된다. 마치 다람쥐가 쳇바퀴 안에서만 뱅뱅 돌듯이 말이다. 그러면 더 크고 넓은 것을 보거나 체험할 수 없다.

자신의 울타리와 틀에서 벗어나지 못해 편견과 아집에 사로잡혀서 좁고 완고한 마음으로 사는 이들이 적지 않다. 시각과 생각이 한 곳에 고정되면, 다른 사람을 이해하고 받아들이기가 어렵기 때문이다. 타인과의 대화와 교류가 멈추면 정신적인 성장도 멈추어서 미숙한 상태로 머무르게 된다. 그런 사람은 삶의 기쁨과 행복을 누리기 어렵다. 그렇게 되지 않으려면, 자신의 울타리와 고정된 틀에서 벗어나려는 노력을 꾸준히 해야 한다.

법정 스님(1932~2010년)은 순천 송광사 뒷산에 있는 불일암이란 암자에서 지낼 때 흥미로운 체험을 했다고 한다. 어느 여름날 점심 공양을 마치고 조금 노곤해서 머리를 손에 괴고 마루에 비스듬히 누워서 주변 경치를 바라보았다. 그런데 평소 눈에 익고 친숙하게 보이던 산 경치가 색다르게 눈에 들어왔다. 스님은 벌떡 일어나서 개구쟁이처럼 허리를 굽혀 가랑이 사이로 다시 산 경치를 내다보았다. 그랬더니 전혀 다른 새로움이 펼쳐지는 것이었다. 하늘은 푸른 호수가 되고 산은 그 속에 잠긴 그림자가 되었다. 스님은 이 발견이 무척이나 신기해서 찾아오는 손님들에게 남녀노소를 불문하고 소개했다. 먼저 스님이 숙달된 조교처럼 시범을 보이면, 그들도 따라 해 보면서 어린아이처럼 좋아했다는 것이다.

고정된 시각을 바꾸면 새로운 세계가 펼쳐진다는 교훈을 얻을 수 있는 체험담이다. 우리 마음과 생각이 전 우주를 담을 수 있을 만큼 넓다고는 하지만, 다른 한편으로 어쩔 수 없이 각자의 '안경'을 통해서 세상 사물을 보게 마련이다. 거기에서 독특한 개성이 형성된다고 긍정적으로 이야기할 수도 있지만, 많은 경우는 고정 관념과 편견이 생겨난다.

제한되고 좁은 틀에 매여서 생각하고, 편향된 시각으로 세상과 인간을 보는 이들에게는 마음에 안 들어서 싫고 미운 것이 많이 생기게 된다. 이런 이들이 가득한 사회에서는 과도하게 자기편을 옹호하고 상대편은 무조건 공격하는 '진영 논리', 자기 생각과 일치하는 정보만 받아들이는 심리인 '확증 편향'과 같은 것이 독버섯처럼 자라난다. 여기서 벗어나려면 당연하고 익숙하다고 여기던 것에서 시선을 돌려 다른 관점에서 세상과 인간을 바라보려는 노력이 꼭 필요하다.

이런 노력은 '회개'와 일맥상통한다. '회개하다'에 해당하는 그리스어 동사 '메타노에인metanoein'은 '생각을 바꾸다', '달리 생각하다', '이면을 살펴보다'라는 뜻을 지닌다. 물론 이런 노력과 회개를 하기란 쉽지 않지만, 우리에게 새로운 세계를 선사해 주기에 용기를 내어서 해 볼 만한 가치가 있다.

인간은 성숙한 인격체로 성장하려면 부모와 가족이란 울타리를 넘어서고, 고정 관념과 편견에서 벗어나려는 노력을 지속해야 한다. 이 과정은 익숙하고 낯익은 것에서 떠나 생소하고 낯선 곳으로 옮겨가는 여정이다. 이런 의미에서 인생은 정신적으로 어느 한군데에 영원히 정착할 수 없고 계속 앞으로 걸어 나가야 하는 나그네의 길이라고 할 수 있다.

히브리인들에게 보낸 서간의 저자는, 믿음의 선조들은 자기들이 "이 세상에서 이방인이며 나그네"일 따름이라고 고백하면서 "하늘 본향"을 갈망하고 있었다고 말한다(히브 11,13.16). 신앙인은 자신이 "하늘의 시민"(필리 3,20)임을 알고 하늘 본향을 향해 길을 떠나는 나그네다. 그는 이 세상에서 영구히 머물 곳을 얻지는 못하지만, 고정 관념과 편견을 넘어서는 자유로움 그리고 세상의 성공과 실패에 연연하지 않을 수 있는 여유로움을 얻을 수 있다.

"내가 너에게 보여 줄 땅으로 가거라."

아브라함은 오로지 하느님만 믿고

그분에게 희망을 두면서

두려움과 염려를 접어 둔 채

익숙한 환경을 뒤로하고 낯선 세계를 향해 떠나간다.

감사할 줄 아는 사람

아브라함이 가나안 땅에 이르러 "스켐의 성소 곧 모레의 참나무가 있는 곳"에 다다르자, 하느님께서는 "내가 이 땅을 너의 후손에게 주겠다."라고 약속하신다(창세 12,6-7). 아브라함이 고향 하란을 떠나기 전에 하느님께서 약속하셨던 그 땅에 도달한 것이다.

아브라함은 목적지에 도착하기는 했으나 아직 정착할 곳은 찾지 못했다. 하지만 제단을 쌓아 주님께 바쳤다. 그리고 베텔 동쪽에 있는 산악 지방으로 옮겨갔는데, 거기서 자리를 잡고서는 또 제단을 쌓고 주님의 이름을 받들어 불렀다(12,8). 이런 모습은 바벨탑을 쌓던 사람들과 분명한 대조를 이룬다. 그들은 자신의 이름을 날리고자 탑을 쌓았지만(11,4), 아브라함은 하느님을 위해 제단을 쌓고 그분께 경배와 감사를 드린다. 나그네 신세로 어렵게 살았지만, 하느님을 받들고 그분께 감사드릴 줄 알았다.

역경 중에도 하느님께 감사하는 모습은 예수님에게서도 찾아볼 수 있다. 유다교 지도자들의 반대와 배척에 부딪혀서 이스라엘 백성을 향한 복음 선포가 사실상 실패로 끝날 징후가 보였지만, 예수님께서는 극소수의 사람들만이라도 당신을 이해하고 따라 준 데에 감격해 감사 기도를 드리신다.

"아버지, 하늘과 땅의 주님, 지혜롭다는 자들과 슬기롭다는 자들에게는 이것을 감추시고 철부지들에게는 드러내 보이시니, 아버지께 감사드립니다."(마태 11,25)

실패의 상황에서도 거둔 작은 성공에 대해 감사 기도를 바치신 것이다.

아브라함과 그의 후손이신 예수님께서는 어려움을 겪으면서도 하느님께 감사드리셨다. 그렇다면 아브라함을 믿음의 조상으로 받아들이고, 예수님을 주님으로 섬기는 신앙인도 당연히 감사할 줄 알아야 한다. 그러나 우리는 감사하는 데에 너무 인색하다. 부모나 가족에게서 많은 것을 받았으면서도, 고마워하기보다는 만족하지 못하고 불평하는 경우가 많다. 또한 하느님께 받은 무한한 은혜를 헤아려 보면서 감사와 찬미를 드려야 마땅한데도, 계속 뭐가 부족하다면서 더 달라고 요구하기만 한다. 이런 우리의 모습을 부끄럽게 하는 이야기가 하나 있다.

어떤 어머니에게 초등학교에 다니는 아들이 하나 있었다. 어머니는 아들에게 심부름시킬 때마다 수고비로 오백 원을 주었다. 이렇게 수고비가 꼭꼭 주어지니 아이는 싫다는 소리 없이 심부름을 열심히 했다. 그러던 중 어머니는 어린아이가 너무 돈에 매이는 것이 아닌가 염려하게 되었다. 생각 끝에 어느 날부터 모르는 척하고 심부름 수고비를 주지 않았다. 몇 번 그런 일이 반복되자 아들은 어머니에게 종이쪽지 한 장을 가져와서 내밀었다. 그동안 했던 심부름의 내용과 수고비가 적힌 일종의 명세서였다. 그 어머니는 잠깐 기다리라고 하고서는 쪽지 하나를 가져와 아들에게 주었다. 아이는 어리둥절해하면서 그 쪽지를 읽었다. 거기에는 이런 내용이 적혀 있었다. "내가 너를 만 9개월 동안 배 속에서 기르고 낳느라고 고생한 수고비, 너를 기르느라 밤잠 못 자고, 젖 먹이고, 기저귀 갈아 준 수고비, 또 네가 병치레할 때 마음 졸이며 간호해 준 수고비, 그것이 얼마나 될까?"

이 철없는 아이가, 많은 경우 바로 우리의 모습이다. 철이 든 신앙인이라면 하느님께 청하기에 급급하기보다는 우선 그분께 많은 은혜를 받았다는 것을 깨닫고 먼저 감사해야 할 것이다. 그래서 바오로 사도는 테살로니카 신자들에게 "모든 일에 감사하십시오."(1테살 5,18)라고 권고하였다.

무엇을 감사하느냐고 반문할 수 있다. 원하는 학교에 입학해야만, 높은 자리에 올라야만, 돈 많이 벌어 부자가 되어야만 감사할 수 있는 것이 아니다. 일하고 쉬고 먹고 자고 하는 평범한 일상도 모두 감사할 일이다. 오스트리아 출신의 독일 시인 라이너 마리아 릴케(1875~1926년)는 이런 말을 남겼다.

"너의 일상이 초라해 보인다고 탓하지 말라. 풍요를 불러낼 만한 힘이 없는 너 자신을 탓하라."[11]

2019년 말에 시작된 코로나 감염병으로 우리나라를 포함한 전 세계 사람들의 일상생활이 2년 이상 거의 멈춘 적이 있었다. 박해 시대도 아닌데, 주일에 성당에서 신자들과 함께 미사를 드릴 수도 없었다. 이런 시간을 거치며, 역설적으로 일상을 잃고 나서야 일상이 얼마나 소중하고 감사해야 하는 것인지를 절감하게 되었다.

어느 어머니는 대학을 졸업하고 세상으로 나가는 딸을 보면서 이렇게 감사의 마음을 표현하였다.

"아이를 키우지 않았다면 나는 절대로 내 의지를 꺾고 겸손해지려고 노력하지 않았을 것이고, 세상이 어떻게 변해 가든 무관심으로 방관했을 것이며, 사람이 나고 자라고 살아내고 죽어 가는 삶에 대하여 깊이 고민하지 않았을 것이며, 또한 나를 함부로 하며 살았을 것이다."

우리는 보려고 하면 일상적인 것, 평범한 것, 지나치기 쉬운 것에서도 얼마든지 감사할 점을 발견하게 된다. 신앙인은 매사에 감사할 줄 아는 마음을 지닐 수 있어야 한다.

적지 않은 이들이 감사와 행복의 조건을 소유와 연결 짓는다. 하지만 감사와 행복의 정도는 재산의 정도와 정비례하는 것은 아니다. 일본의 작가 소노 아야코(1931~)는 아프리카를 제법 잘 알게 되면서부터 인간이 평생 지닐 수 있는 것에 대해 대단히 겸허한 마음을 갖게 되었다면서 이런 말을 했다.

> 일생 어찌 됐든 비와 이슬을 막아 주는 집에 살 수 있고, 매일 먹을 것이 있는 생활이 가능했다면 그 사람의 인생은 기본적으로 '성공'이었다고 생각한다. 만일 그 집이 깨끗하며, 목욕탕과 화장실이 있으며, 건강을 해칠 정도의 더위와 추위에서 보호되며, 매일 뽀송뽀송한 이불에서 잘 수 있고, 누추하지 않은 옷을 입을 수 있으며, 영양이 골고루 섞인 맛있는 식사를 하며, 전란에 휘말리지 않고, 병이 들었을 때는 진료를 받을 수 있는 생활을 할 수 있었다면 그 사람의 인생은 지구 수준에서 보더라도 '대단한 행운'이었다고 할 수 있다.
>
> 만일 그 사람이 자신이 좋아하는 공부를 하면서 사회의 일원으로 활동하고, 사랑도 알게 되며, 인생의 한 부분을 선택할 수 있었고, 자유롭게 여행하며, 자신이 좋아하는 독서를 하며, 취미 생활도 할 수 있고, 가족이나 친구들에게 신뢰와 존경과 사랑을 받았다면 그것만으로도 그 사람의 인생은 그야말로 '대성공'인 것이다.[12]

경제적으로 매우 낙후된 나라의 국민이 잘사는 나라의 사람들보다 행복 지수가 높다는 조사 결과를 종종 접한다. 비록 소유하는 것이 많지는 않아도 자기보다 어렵게 사는 사람들을 생각하면서 이 정도라도 살 수 있는 것에 감사할 줄 안다면 행복해질 수 있지 않을까?

가톨릭 신자들은 불가피한 일이 없는 한, 매 주일과 대축일에 미사에 참여한다. 미사는 우리 신앙생활에서 중요한 부분을 차지하는데, 미사의 핵심 내용 중 하나가 바로 감사다. 이런 점은 미사의 기원을 고찰해 볼 때 분명하게 드러난다. 미사는 예수님께서 십자가에 못 박혀 돌아가시기 전날 밤에 제자들과 함께한 마지막 식사, 최후의 만찬에 기원을 둔다. 예수님께서는 최후의 만찬 때에 명시적으로 "너희는 나를 기억하여 이를 행하여라."(루카 22,19) 하고 명하셨고, 교회는 그 명령을 충실히 따르고 있다.

최후의 만찬은 유다인들이 매해 파스카 축제 때 거행하는 파스카 식사의 방식으로 행해졌다. 이스라엘 백성은 과거에 하느님께서 모세를 통해 자신의 선조들을 이집트의 종살이에서 해방해 주신 구원 업적을 파스카 식사 중에 기억하면서 그분께 찬미와 감사를 드렸다. 예수님께서는 조상 대대로 거행해 왔던 찬미와 감사의 식사인 파스카 식사의 형태로 최후의 만찬을 거행하신 것이다. 그러므로 최후의 만찬도 감사와 찬미의 식사이고, 최후의 만찬에 기원을 둔 미사 역시 감사와 찬미의 예식이다.

예수님께서는 최후의 만찬에서, 하느님께서 이스라엘 백성에서 베푸신 자비에 감사드리시면서 자신의 십자가 상 죽음을 그 백성의 구원을 위한 희생으로 바치셨다. 고통스러운 죽음이 눈앞에 닥친 절박한 상황에서도 하느님 자비에 대한 감사를 잊지 않으시고, 곧 다가올 자신의 십자가 죽음을 전적으로 인류 구원을 위한 희생으로 봉헌하신 것이다. 가톨릭 신자들은 바로 이런 예수님의 구원을 위한 희생을 미사 때마다 기억하며 감사드린다. 그래서 '감사'를 뜻하는 라틴어 '에우카리스티아eucharistia'가 미사를 지칭하는 용어가 되어, 미사를 '감사제感謝祭'라고 부르기도 한다.

매 주일 감사제, 예수님의 구원을 위한 희생을 기억하고 감사하는 미사에 참여하는 신자라면 스스로 감사의 정신을 배우고 실천하는 사람이 되어야 할 것이다. 정말 잘 사는 나라, 선진국은 돈이 많은 나라, 국민총생산 수치가 높은 나라가 아니라 감사하고, 만족하고, 그래서 행복하다고 느끼는 사람이 많은 나라다.

  우리 사회에는 자신이 불행하다고 느끼면서 불평과 불만 속에 살아가는 이들이 점점 더 많아진다. 가톨릭 신자들이 매사에 감사하고, 만족하고, 행복을 누리는 삶을 살아간다면, 분명 세상과는 대조되는 모습을 보이는 것이고, 그럼으로써 세상에 빛과 소금이 될 것이다. 그런 의미에서 바오로 사도의 권고를 마음에 새겨 두어야 한다.

> "무슨 일이든 투덜거리거나 따지지 말고 하십시오, 그리하여 비뚤어지고 뒤틀린 이 세대에서 허물 없는 사람, 순결한 사람, 하느님의 흠 없는 자녀가 되어, 이 세상에서 별처럼 빛날 수 있도록 하십시오."(필리 2,14-15)

잘못을 통해서도
배우는 사람

아브라함은 가나안 땅에 도착해서 네겝에 자리 잡고 살았다. 그런데 그 지방에 심한 기근이 들자, 아브라함은 먹을 것을 찾아 이집트로 내려간다(창세 12,10). 팔레스티나 사람들은 흉년이 들면 곡창 지대인 이집트로 몰려들었는데, 그때마다 이집트의 통치자들은 이런 유랑민들을 단속하기 위해서 국경 수비를 강화하였다.

이집트 가까이에 이르렀을 때 아브라함은 아내 사라에게 자신을 오라버니로 부르라고 한다. 사라는 매우 아름다운 여인이었기 때문에 혹시 이집트인들이 사라를 뺏으려고 남편인 자신을 죽일지도 모른다고 염려했기 때문이었다. 과연 사라의 아름다움은 이집트인들의 주목을 받았고, 파라오의 귀에까지 들어가자, 사라와 아브라함은 파라오의 왕궁에 불려

간다.

 아브라함은 여동생이라고 사칭한 미모의 사라 덕분에 호의호식하게 되었지만, 사라는 파라오의 첩이 될 지경에 이른다. 거칠고 위험한 남의 나라 땅에서 살아남기 위해 어쩔 수 없는 비상 수단이라고 변명할 수도 있을 것이다. 하지만 상황이 어렵다고 해도 해서는 안 되는 짓이었다. 자신이 살아남기 위해 사랑하는 아내를 미끼로 삼는다는 것은 부도덕하고 비겁한 소행이다. 그런데 바로 그 일 때문에 임금과 그 집안은 재앙을 당하게 되고, 결국 아브라함이 거짓말을 했다는 사실이 밝혀진다. 파라오는 아브라함을 불러다 꾸짖고 내쫓아 보낸다. 믿음의 조상이라고 칭송받는 아브라함도 이렇게 인간적 나약함으로 인해 잘못을 범하고 창피를 당하였다.

 아브라함의 아들 이사악도 이와 비슷한 잘못을 저지른다. 이사악이 살던 지방에 기근이 들었는데, 이사악은 그라르로 가서 필리스티아 임금 아비멜렉에 몸 붙여 산다. 그런데 이사악은 아내 레베카가 너무 예뻐 그곳 남자들이 자기를 죽이고 아내를 차지할까 두려워서 자신의 누이라고 거짓말을 한다. 이렇게 해서 이사악은 그곳에서 오래 지내게 되었는데, 어느 날 아비멜렉 임금이 우연히 이사악이 레베카를 애무하는 장면을 목격한다. 이 일로 이사악의 거짓말이 탄로 나고, 임금은 이사악을 불러서 크게 나무란다.

> "그대는 어쩌자고 우리에게 이런 일을 저질렀소?
> 하마터면 백성 가운데 누군가 그대 아내와 동침하여,
> 우리를 죄에 빠뜨릴 뻔하지 않았소?"(26,10)

임금은 이사악을 꾸짖고는 온 백성에게 이사악과 그 아내를 건드리지 말라고 엄명한다.

성경은 위대한 인물들의 부끄럽고 창피한 이야기까지 감추지 않고 전할 정도로 아주 솔직한 기록이다. 이스라엘 백성이 자신들의 시조始祖로 받드는 아브라함과 그의 상속자 이사악의 잘못도 숨김없이 있는 그대로 전한다. 이스라엘 민족의 영웅인 다윗 임금에 대해서도 마찬가지다. 다윗이 남편 있는 여자 밧 세바를 몰래 범하고서 그것이 발각될 위험에 처하자 남편 우리야를 전쟁터에서 사지로 몰아 죽여 버린 일이 있었다. 다윗은 십계명의 5계명과 6계명을 크게 어긴 것인데, 사무엘기 하권 11장에는 이 과정이 상세하게 기록되어 있다.

신약 성경 역시 매우 정직한 기록이다. 예수님께서 택하신 열두 사도의 으뜸인 베드로는 스승이 체포되어 심문받으시는 대사제 카야파의 집까지 따라갔는데, 거기서 궁지에 몰려 세 번이나 스승을 모른다고 잡아뗐다. 이런 감추고 싶은 이야기가 마태오 복음서(26,69-75)를 비롯하여 다른 복음서에도 다 전해진다. 왜 이렇게 성경은 인간의 잘못과 허물을 낱낱이 다 전하는 것일까?

성경이 하느님께 선택받은 이들이 무너지고 깨어진 이야기를 많이 들려주는 것은 결코 우연이 아니다. 아브라함은 그 굳건한 믿음으로 신앙인들에게 좋은 모범이 되지만, 다른 한편 보통 사람들과 크게 다를 바 없이 잘못을 저지름으로써 위로와 격려가 되기도 한다.

'자네의 잘못에 대하여 너무 상심하지 말게나. 사실 나도 큰 잘못을 저지른 적이 있어. 그래도 하느님께서는 나를 내치거나 버리지 않으셨네. 오히려 내가 저지른 잘못을 통해서 나를 가르쳐 주시고 키워 주셨네. 자네의 잘못과 허물만 쳐다보지 말고 눈을 돌려 하느님을 바라보게. 그분은 우리 마음보다 크신 분(1요한 3,20)이고, 죄가 많은 곳일수록 은총도 풍성하게 내려 주시는 분(로마 5,20)임을 기억하게.'

하느님께서는 오묘한 손길로 당신께서 선택한 이의 잘못과 허물이 신앙인들에게 위로와 힘이 되도록 이끌어 주신다.

성경은 선택된 이들이 죄와 잘못을 저지른 이야기를 통해 하느님께서 어떤 분이신지를 깨닫게 해 준다. 하느님께서는 인간을 이성과 의지가 없는 꼭두각시나 허수아비처럼 만들지 않으시고 그에게 자유 의지를 주셨다. 하느님께서는 당신이 사랑으로 창조하신 인간이 강요가 아니라 자발적으로 당신을 믿고 따르기를 원하셨기 때문이다.

하지만 인간은 하느님께서 허락하신 소중한 자유를 잘못 사용하여 하느님을 등지고 그릇된 방향으로 나가서 불행에 빠질 수도 있다. 루카 복음서 15장이 전하는 '되찾은 아들의 비유'에 등장하는 아버지처럼, 하느님께서는 당신 자녀들이 당신을 등지고 떠나는 것까지도 허용하신다. 당신을 떠나가는 이들이 스스로 잘못된 선택을 했다는 것을 깨닫고 다시 돌아오기를 바라시면서 말이다.

하느님께서는 인간의 죄와 잘못에도 불구하고 당신의 구원 계획을 이루신다. 그래서 "하느님께서는 굽은 자로도 직선을 그으신다."라는 말이 생겨난 것이다. 바오로 사도의 말대로 하느님께서는 긍정적이든 부정적이든 "모든 것이 함께 작용하여 선을"(로마 8,28) 이루도록 이끄시는 분이다. 하느님께서 이런 분이심을 믿는 신앙인은 자신의 죄와 잘못 앞에서 후회하고 반성하더라도, 낙담과 좌절에 빠지지 않고 희망을 간직한 채 다시 일어설 힘을 얻는다.

고대 로마의 정치인이자 사상가인 세네카(기원전 4~기원후 65년)는 '에라레 후마눔 에스트errare humanum est.'라는 유명한 라틴어 경구를 남겼다. '인간이라면 누구나 실수할 수 있다.'라고 번역될 수 있는 말이다. 이 경구처럼 인간이 실수하고 잘못하는 것은 당연하다고까지 할 수 있다. 잘못과 실수를 저지르더라도 너무 낙담하거나 절망하지 말라는 뜻에서 이런 말이 나온 듯하다.

인간의 연약함을 잘 아시는 하느님께서는 죄와 잘못을 범하고 뉘우치는 사람을 너그럽게 용서해 주신다. 그래서 신앙인은 잘못을 저질러도 낙담하거나 절망에 빠지지 않을 수 있다. 아울러 하느님께서는 우리가 잘못과 실수에서도 뭔가 배우기를 원하신다. 죄와 잘못을 통해 배울 수 있는 것이 무엇일까?

우리는 다른 사람의 잘못을 보면, 쉽게 판단하고 단죄하며 비난한다. 하지만 살다 보면 자신도 그와 똑같은 잘못을 범할 수 있고, 그런 모습을 보면서 자신이 남보다 그렇게 나을 것이 없음을 깨닫게 된다. '나도 다른 사람과 마찬가지로 언제나 죄를 범할 수 있는 약한 인간이구나.' 하고 생각하면서 겸손을 배울 수 있다. 아울러 내가 잘못을 범해서 부끄럽고 창피했다면, 다른 사람도, 비록 그 사람의 마음을 들여다볼 수는 없더라도, 나처럼 그러했을 것이라고 미루어 짐작할 수 있다. 그런 생각이 들면, 남의 잘못을 보고 손가락질하고 흉보고 욕하기보다는 그 사람이 겪었을 마음고생을 헤아리면서 참아 주고 너그럽게 대할 수 있다.

사람은 자기 잘못을 성찰하고 반성하면서 겸손해질 수 있고, 또한 남에게 관대해질 수 있다. 이렇게 죄와 잘못을 통해서 배우고 깨달았다면, 그다음은 죄와 잘못에서 눈을 돌려 앞을 바라보아야 한다. 경건하고 열심하다는 사람일수록 과거의 죄와 잘못에 대한 뉘우침과 보속이 충분하지 않다고 여기면서 그 자리에 머무는 경우가 많다. 그러나 이는 자신에게로의 집착이고 아집일 수 있다.

20세기의 현자賢者 중 한 사람인 마르틴 부버는 다음과 같이 자기 잘못만 붙잡고 맴도는 사람들을 타이른다.

잘못을 저지르고 나서 줄곧 그 잘못에 대한 말만 하고 생각만 하는 자는 자기가 행한 저열한 그것을 마음에서 뿌리치지 못하고 있는 형편입니다. 사람이란 생각이 가 있는 거기에 자신도 갇혀 있고, 사람 영혼이란 생각하는 그것에 온통 잠겨 있게 마련이므로, 그런 자는 저열한 것에 머물고 있는 것입니다. 그는 결코 돌아서지 못할 것입니다. …… 그래, 어쩌자는 말입니까? 이리 쓸고 저리 쓸어 본들 똥은 똥입니다. …… 성경에도 "악을 떠나 선을 행하라."고 했습니다. 악에서 아예 돌아서서 더는 거기 마음을 쓰지 말고 선을 행하십시오. 그대는 잘못을 저질렀습니까? 그렇다면 선을 행함으로써 이에 대처하십시오.[13]

잘못과 죄를 과소평가해서 이런 말을 하는 것이 아니다. 하느님께서 원하시는 바는 악을 떠나 선을 행하라는 것이기에 선에 초점을 맞추라고 강조하는 말이다. 하느님께서는 당신의 자녀들이 과거의 죄와 잘못에 발목이 잡혀서 헤어나지 못하는 것을 원하지 않으신다. 거기서 벗어나 선을 행하기를 원하신다.

우리는 예수님에게서 그런 하느님의 마음을 읽을 수 있다.

예수님께서는 부활하신 후에 베드로를 다시 만나시는데, 그가 당신을 세 번에 걸쳐 모른다고 잡아뗀 것을 따져 묻지 않으신다. 단지 세 번에 걸쳐 "너는 나를 사랑하느냐?" 하고 물으시고 그에게 긍정의 대답을 들으신 다음에 "내 양들을 돌보아라." 하고 당부하실 뿐이다(요한 21,15-17). 베드로가 스승을 배신하는 잘못을 범하고 나서 바로 깊이 뉘우치며 슬피 울었다(마태 26,75)는 사실을 잘 아시는 예수님께서는, 그에게 과거의 잘못을 사랑으로 갚도록 길을 열어 주신 것이다. 예수님께서는 죄와 잘못을 자주 범하는 우리도 그렇게 대해 주실 것이다.

'네가 죄와 잘못을 범했으면, 뉘우치고 깨닫고 배워라. 그리고 떠나가서 선을 행하는 데 힘써라!'

평화를 심는 사람

아브라함은 기근을 피해 이집트로 갔다가 파라오에게 떠나라는 명령을 받고(창세 12,20) 다시 가나안 땅으로 돌아오는데, 조카 롯과 함께 베텔과 아이 사이에서 머물게 된다. 그런데 그들이 기르는 양과 소 때문에 아브라함의 목자들과 롯의 목자들 사이에 다툼이 일어나고는 하였다. 양과 소는 많은데, 땅은 좁고 물은 한정되어 있으니 자연히 자리싸움이 벌어질 수밖에 없었다.

아브라함은 문제 해결을 위해 조카 롯을 불러 다음과 같이 말문을 연다.

"우리는 한 혈육이 아니더냐? 너와 나 사이에, 그리고 내 목자들과 너의 목자들 사이에 싸움이 일어나

서는 안 된다."(13,8)

친척끼리 싸워서는 안 된다는 것은 누구든 할 수 있는 말이지만, 그다음에 아브라함이 내놓는 제안은 누구나 다 할 수 있는 것이 아니다.

"온 땅이 네 앞에 펼쳐져 있지 않느냐? 내게서 갈라져 나가라. 네가 왼쪽으로 가면 나는 오른쪽으로, 네가 오른쪽으로 가면 나는 왼쪽으로 가겠다."(13,9)

아브라함은 집안 서열이 낮은 조카에게 먼저 선택권을 준 것이다. '내가 어른이니까 내가 먼저 택하겠다.'라고 할 수도 있었을 텐데 말이다. 롯은 자기가 보기에 더 좋은 곳, 곧 들판이 넓고 물도 넉넉하게 보이는 요르단의 평야를 택한다. 아브라함은 아무 말 없이 더 좋은 땅을 조카에게 양보하고는 다른 곳으로 간다.

아브라함이 자신의 목자들과 조카 롯의 목자들 사이에 생긴 갈등을 해결하는 방식은 카인과 아벨의 이야기와 비교하면 상당히 흥미롭다. 카인은 자기 동생 아벨이 하느님에게 더 많이 사랑받는 것처럼 보이자, 질투하다가 마침내 그를 죽여 없애 버린다(4,1-8). 동생이 잘되는 것을 견디지 못하고 위해를 가한 것이다.

하지만 아브라함은 동생이 잘되는 것을 받아들이지 못했던 카인과는 대조적으로 조카가 잘되도록 좋은 몫을 선뜻 내어 준다. 누군가 맑은 샘에 돌을 던져 흙탕물이 일더라도 샘의 한 구석에서 맑은 물줄기가 나오면 차차 샘이 다시 맑아진다. 이와 비슷하게 카인은 질투와 폭력으로써 세상에 혼탁하게 만들었는데, 아브라함은 너그러움과 양보를 통해 혼탁해진 세상에 맑은 기운을 불어넣었다. 하느님께서는 아브라함의 넓은 마음을 보시고 축복해 주신다.

> "네가 보는 땅을 모두 너와 네 후손에게 영원히 주겠다. 내가 너의 후손을 땅의 먼지처럼 많게 할 것이니, 땅의 먼지를 셀 수 있는 자라야 네 후손도 셀 수 있을 것이다."(13,15-16)

아담과 하와의 불순종으로 세상에 죄가 들어온 후에 죄는 계속 늘어난다. 하지만 죄가 증가하는 가운데 선도 뿌리를 내린다. 아브라함이 차지할 수 있었던 더 좋은 몫을 양보하여 조카 롯과 평화를 이룩한 데에서 드러내듯이 말이다. 아브라함 이후에도 이런 현상은 계속된다. 이를테면 비록 오랜 시간이 걸리기는 했지만, 에사우가 자신을 속이고 장자권을 빼앗은 동생 야곱을 용서한 사건이다.

에사우와 야곱은 쌍둥이 형제로서 아브라함의 아들 이사악의 소생이다. 쌍둥이였지만, 성향은 서로 많이 달랐다. 형 에사우는 자라나서 "솜씨 좋은 사냥꾼 곧 들사람"이 되었고, 동생 야곱은 "온순한 사람으로 천막에서" 살았다(25,27). 에사우는 사냥한 고기를 좋아하는 아버지 이사악의 사랑을 받았지만, 밖으로 나돌기보다는 집에 머물기를 선호했던 야곱은 어머니 레베카의 사랑을 받았다. 그런데 이 둘 사이에 장자권을 두고 심각한 다툼이 벌어진다. 창세기 27장은 그 과정을 상세히 설명한다.

이사악은 늙어서 눈이 어두워 잘 볼 수 없게 되자 죽을 준비를 한다. 맏아들 에사우를 불러서 맏아들의 축복을 해 주겠다고 약속하면서 그 전에 사냥을 나가 들짐승을 잡아 와서 별미를 만들라고 명한다. 이 말을 엿들은 레베카는 자신이 사랑하는 아들 야곱이 맏아들의 축복을 받도록 일을 꾸민다. 레베카는 에사우가 사냥을 간 사이에 새끼 염소를 잡아 남편이 좋아하는 별미를 서둘러 만든다. 그리고 이사악의 눈이 어두운 것을 이용해 야곱에게 에사우의 옷을 입히고, 살갗이 매끈한 야곱이 털이 많은 에사우로 보이도록 염소의 가죽을 손과 목에 두르게 한 다음에 음식을 들려서 이사악에게 보낸다. 이사악은 자신이 에사우라고 한 야곱을 미심쩍게 생각했지만, 결국 속임수에 넘어가 그에게 맏아들의 축복을 해준다.

사냥에서 돌아온 에사우가 음식을 해 들고 아버지에게 갔지만, 맏아들의 축복은 이미 야곱에게 간 다음이었다. 에사우는 자신이 받아야 할 축복을 동생이 가로챈 것을 알고서 크게 앙심을 품고는 아버지가 돌아가시면 죽음으로 앙갚음하겠다고 벼른다. 레베카는 이 사실을 알고 야곱을 멀리 하란에 있는 오라버니 라반의 집으로 보내서 에사우의 분노가 가라앉을 때까지 잠시 거기서 머물라고 당부한다(27,44-45).

하지만 예상과는 달리 야곱은 무려 20년 동안 외삼촌 밑에서 지내야 했다(31,38). 레베카는 긴 세월 동안 사랑하는 아들 야곱을 기다렸을 테지만, 결국 죽을 때까지 모자의 재회는 이루어지지 않는다. 어쩌면 하느님께서는 야곱을 편애하여 가족 간의 분란을 일으켰던 레베카에게 이런 방식으로 책임을 물으신 것이 아닐까?

야곱은 어머니의 권고대로 외삼촌 라반에게 가 몸 붙여서 사는데, 라반의 둘째 딸 라헬을 사랑하여 결혼하기를 원했다. 야곱은 라반에게 라헬과 결혼하는 대가로 7년 동안 라반을 위해 일하겠다고 제안한다. 라반은 그 제안을 받아들였고, 야곱은 약속을 다 지킨 다음에 라헬과 혼례를 치른다. 하지만 삼촌의 계교로 말미암아 원하였던 라헬이 아니라 라헬의 언니 레아와 첫날밤을 지내야 했다. 야곱은 이 일을 두고 삼촌에게 따진다. 그러자 라반은 맏딸을 두고 작은딸을 먼저 주는 법이 없다고 변명하면서 라헬을 아내로 받아들이려면 다시 7년 동안 일을 하라는 조건을 내걸었고, 야곱은 그것을 받아들인다.

여기서 세상의 일이란 참으로 묘하다는 것이 드러난다. 야곱은 어머니 레베카의 계교로 형 에사우에게 가야 할 맏아들 축복을 가로챘다. 그러나 야곱은 바로 어머니의 오빠, 즉 외삼촌 라반의 계교로 오랜 기간 그 밑에서 노동력을 착취당한다. 어머니의 계교로 한 번은 이득을 보았지만, 어머니와 같은 골육인 외삼촌의 계교로 다른 한 번은 피해를 본 것이다.

야곱은 약속 기한이 지나도 삼촌이 자신을 놓아주지 않으려 하자 몰래 가족과 자신의 소유인 양 떼, 소 떼를 이끌고 고향으로 도망친다. 그런데 막상 고향 가까이에 이르자 형 에사우를 만날 일이 두려웠다. 그래서 야곱은 미리 형에게 종을 보내어 자신이 돌아온다는 것을 아주 공손하게 아뢰고 (32,4-6), 마중 나오는 형이 아직도 자신에게 앙심을 품고 있지 않을까 두려워하면서 많은 수의 염소와 양, 소와 낙타를 선물로 먼저 보낸다. 야곱이 걱정했던 것과는 달리 에사우는 동생을 반갑게 맞이한다.

> "에사우가 야곱에게 달려와서 그를 껴안았다. 에사우는 야곱의 목을 끌어안고 입 맞추었다. 그들은 함께 울었다."(33,4)

그리고 에사우는 "내 아우야, 나에게도 많다. 네 것은 네가 가져라."(33,9) 하고 말하면서 동생의 선물을 받지 않으려 했지만, 야곱이 간절히 요청하자 받아들인다. 형 에사우는 야곱의 과거 잘못을 다 용서하고 잊은 듯이 진정으로 아우의 무사 귀환을 기뻐하면서 함께 살자는 제안까지 한다. 하지만 야곱이 이를 완곡하게 거절하고 형과는 떨어진 곳에 자리를 잡는다.

여기서 카인이 하느님의 사랑을 받는 아벨을 질시해서 죽여 버린 것과는 정반대의 모습이 드러난다. 물론 에사우는 동생 야곱이 속임수를 써서 맏아들의 축복을 가로챈 것을 알고는 죽일 듯이 미워했다. 그러나 오랜 세월이 지난 다음에 진정으로 용서한다. 이렇게 해서 복수 대신 용서가 들어서고, 선의 씨앗이 뿌려지게 된다. 선택된 야곱이 아니라 선택되지 않은 에사우를 통해서도 선의 씨앗이 뿌려지는 '역설'은 선택과 비선택의 의미를 다시금 생각하게 한다.

창세기에서는 야곱과 에사우의 이야기와 비슷하면서도 더 감동적인 이야기가 전해지는데, 바로 요셉의 이야기다. 아브라함의 3대손으로서 야곱의 아들인 요셉은 자신을 죽이려고 한 형들 때문에 곤경에 처하지만, 우여곡절 끝에 용서함으로써 가족 간의 평화를 이루어 낸다.

야곱은 레아와 라헬 자매를 아내로 두었는데, 늘그막에 라헬에게서 얻은 아들 요셉을 다른 아들보다 더 사랑했다. 이 때문에 형들은 요셉을 시기하고 질투하여 말도 건네지 않았다. 물론 이렇게 된 데에는 어린 요셉의 철없는 행동도 한몫

하였다. 형들이 자신을 섬기고 절을 한다고 해석될 수 있는 꿈 자랑을 형들 앞에서 늘어놓음으로써, 형들의 시기와 미움을 부채질했다(37,5-11).

그러던 중 형들이 양 떼에게 풀을 먹이기 위해 멀리 나가 있을 때 요셉은 아버지의 명을 받고 이들을 방문한다. 형들은 먼발치로 요셉을 보고서는 눈엣가시 같았던 요셉을 죽여 없애자고 음모를 꾸민다. 하지만 르우벤은 동생의 목숨은 건드리지 말고 광야에 있는 구덩이에 가두자고 다른 형제들을 설득한다. 그래서 요셉이 도착하자 그가 입고 있던 긴 저고리를 벗기고 구덩이에 던져 버린다. 이때 그 근처로 이집트로 가는 이스마엘인 대상이 지나가는데, 유다는 다른 형제들에게 요셉을 죽이지 말고 대상에게 팔아넘기자고 제안하여 그대로 한다. 집으로 돌아온 형제들은 아버지 야곱에게 요셉이 맹수에게 물려 죽었다고 거짓으로 둘러댄다.

이 사건을 통해 야곱은 자기 죗값을 치렀다고 할 수 있다. 요셉의 형제들은 '염소'를 잡아 요셉의 '옷'에 그 피를 묻혀 아버지에게 보이면서 요셉이 죽었다고 거짓말을 했는데(37,31-32), 이는 야곱이 장자권을 가로채기 위해 어머니의 도움을 받아 아버지를 속인 방법과 매우 흡사하다. 야곱은 에사우가 사냥 나간 틈을 타서 어머니 레베카가 '염소'를 잡아 준비한 음식을 들고 형의 '옷'을 입고 가서 아버지를 속였던 것이다(27,1-29). 야곱은 염소와 옷으로 아버지를 기만한 죄에 대한 대가를 아들 대에서 치른 셈이다. 사랑하는 아들 요셉이 죽었다고 믿었던 야곱은 긴 세월 그를 그리워하면서 고통스러워했을 것이다.

창세기 30-41장은 이집트로 끌려온 요셉이 파라오의 재상이 되기까지의 과정을 상세히 전해 준다. 이스마엘인들은 요셉을 파라오의 경호대장인 포티파르에게 팔아넘겼는데, 요셉은 그의 신임을 얻어 그 집 관리인까지 된다. 하지만 주인집 아내가 요셉을 유혹하다가 실패하자 오히려 그가 자신을 희롱하려고 했다고 모함해서 감옥에 갇히는 신세가 된다. 그러던 중에 요셉이 자신과 함께 감옥에 갇힌 파라오의 신하 둘의 꿈을 풀이해 준 것이 계기가 되어 파라오의 꿈풀이까지 하게 된다. 파라오가 꾼 꿈은 일곱 해 동안 대풍이 들고 이어서 일곱 해 동안 기근이 들 것이니, 풍년 동안 곡식을 비축하여 기근을 대비하라고 알려 주는 것이라고 풀이해 준다. 그러자 파라오는 요셉을 이집트의 재상으로 삼아 기근을 대비할 책임을 맡긴다.

기근이 시작되자 주변 백성이 양곡이 풍성한 이집트로 몰려온다. 요셉의 형들도 그들 가운데 있었는데, 곡식 판매를 관장하던 요셉은 형들을 한눈에 알아보았다. 하지만 그들은 요셉을 알아보지 못했다. 요셉은 모르는 체하고서 형들을 매몰차게 대한다. "너희는 염탐꾼들이다. 너희는 이 땅의 약한 곳을 살피러 온 자들이다."(42,9)라고 윽박지르며 형들을 궁지로 몰아넣는다. 그리고 염탐꾼 혐의를 벗으려면 한 사람만 가나안으로 가 막내 벤야민을 데려와야 한다는 조건을 내걸고 사흘 동안 그들을 감옥에 가둔다.

사흘째 되던 날 요셉은 조건을 완화한다. 고향에 있는 사람이 굶주리면 안 되니, 한 사람만 막내를 데려올 때까지 인질로 남고 나머지는 양식을 갖고 아버지 곁으로 돌아가라고 명령한다. 그러자 형제들은 자기들끼리 이렇게 수군거린다.

"그래, 우리가 아우의 일로 죗값을 받는 것이 틀림없어. 그 애가 우리에게 살려 달라고 애원할 때, 우리는 그 고통을 보면서도 들어 주지 않았지. 그래서 이제 이런 괴로움이 우리에게 닥친 거야."(42,21)

형들은 요셉이 이집트 사람이라서 자신들의 이야기를 알아듣지 못한다고 생각하였지만, 요셉은 자신들의 과거 잘못을 뉘우치는 형들의 말을 듣고는 물러 나와 울었다.

요셉이 내건 조건대로 시메온이 인질로 남고 나머지는 양식 자루를 둘러메고 고향으로 향한다. 아버지 야곱은 처음에는 막내 벤야민을 데려가는 것을 반대하였지만, 양식이 다 떨어지자 어쩔 수 없이 허락한다. 형제들은 벤야민을 데리고 이집트로 가서 요셉을 만난다. 요셉은 동복형제인 벤야민을 보고 반가워하였지만, 자신이 누구인지를 밝히지는 않고 물러가서 울기만 한다. 그리고 나서 형제들에게 큰 잔치를 베풀어 준다.

이어서 요셉은 형제들에게 원하는 양식을 가지고 가도록 조처하면서 다시 한번 시험을 한다. 벤야민이 메고 갈 자루에 자신의 은잔을 몰래 집어넣게 하고는 잔을 훔치려 했다고 누명을 씌운 것이다. 요셉이 형제들에게 배은망덕하다고 야단을 치고서 벤야민을 종으로 삼겠다고 엄포를 놓자, 유다가 나서서 벤야민만이 아니라 자신들도 함께 벌을 받겠다고 대답한다.

"하느님께서 이 종들의 죄를 밝혀내셨습니다. 이제 저희는 나리의 종입니다. 저희도, 잔이 나온 아이도 그러합니다."(44,16)

형들은 벤야민에게 죄를 미루지 않고 잘못의 대가를 함께 치르겠다고 나선 것이다. 그러나 요셉은 자루에서 잔이 나온 벤야민만 종으로 삼아서 붙잡아 두겠으니 다른 사람들은 돌아가라고 한다. 그러자 유다가 다시 나서서 늙은 아버지의 귀여움을 받는 벤야민을 남겨 두고 갔다가는 아버지가 낙심해서 돌아가실 것이니 막내 대신에 자신이 종으로 남도록 허락해 달라고 간절하게 애원한다(44,18-34). 과거에 아버지의 사랑을 독차지했던 요셉을 시기하고 질투해서 팔아넘겼던 형들이 이제는 완전히 달라진 것이다. 그때와는 정반대로 아버지의 사랑을 받는 벤야민을 질투하기는커녕 그를 대신해서 종이 되겠다고 선뜻 나서기까지 한 것이다.

유다의 말을 듣고 요셉은 더 이상 참지 못하고 자신의 정체를 밝히고는 대성통곡을 한다. 형제들을 다시 만난 기쁨과 그동안 타향에서 겪었던 서러움과 고생에 대한 기억이 함께 섞여 터져 나온 울음이었을 것이다.

요셉은 형들의 악행을 원망하거나 탓하지 않을 뿐만 아니라 그것 때문에 괴로워하지 말라고 위로까지 한다. 그런 너그러움의 배경에는 하느님 섭리에 대한 믿음이 있었다. 요셉은 자신이 이집트로 팔려 온 것은 기근에서 자기 가족을 구하려는 하느님의 오묘한 계획이었다고 받아들인 것이다(45,4-10). 신약에 와서 바오로 사도는 하느님의 놀라운 섭리에 대해 이렇게 찬양한다.

> "하느님을 사랑하는 이들, 그분의 계획에 따라 부르심을 받은 이들에게는 모든 것이 함께 작용하여 선을 이룬다는 것을 우리는 압니다."(로마 8,28)

요셉은 인간의 잘못마저도 선으로 이끄시는 하느님의 섭리를 믿고 형들의 악행을 너그럽게 용서함으로써 가족들은 다시 만나 평화롭게 살게 된다.

사람은 누구나 평화 속에 살기를 원한다. 정치인들은 국민에게 평화를 약속하지만, 그 평화는 자국의 이익을 최대한 확보하고 군사적 힘의 우위를 점하는 데에 근거한 것으로 불완전하고 깨지기 쉽다. 참된 평화는 다른 이가 잘되도록 바라는 마음으로 좋은 몫을 양보하고, 내 가슴에 깊은 상처를 남긴 사람을 용서함으로써 비로소 가능하다. 물론 자신이 차지할 수 있는 것을 포기하고, 복수를 단념한다는 것은 매우 어려운 일이고, 다른 사람들로부터 어리석다는 말을 들을 수 있는 행동이다. 그러나 멀리 볼 때, 이것만이 진정한 평화를 이룩하는 길이며 하느님의 축복을 받는 삶이다. 신앙인은 아브라함이 그랬던 것처럼 자신의 몫을 양보하고, 에사우와 요셉이 그랬던 것처럼 너그럽게 용서함으로써 진정한 평화를 이루는 사람이 되어야 한다.

예수님께서는 용서를 특별히 강조하신다. 그분은 원수를 사랑하는 것이 아버지 하느님의 완전성을 닮는 길이라고 말씀하셨을 뿐만 아니라(마태 5,43-48) 스스로 당신을 십자가에 못 박는 사람들의 죄를 용서해 달라고 기도하셨다.

"아버지, 저들을 용서해 주십시오. 저들은 자기들이 무슨 일을 하는지 모릅니다."(루카 23,34)

물론 예수님께서 말씀하시고 실천하신 대로 자신을 욕하고 해코지하는 사람을 용서하기란 매우 어렵다. 하지만 '어렵다, 불가능하다.' 하면서 쉽게 포기하지 않고 예수님의 길을 따라간 사람들도 있었다는 사실을 기억해야 한다. 제2차 세계 대전 중에 나치의 강제 수용소에서 죽음을 기다리던 어떤 사람이 벽에 다음과 같은 글을 남겨 놓았다.

> 주님, 저희가 영광 속에 주님께 가게 될 때 착한 뜻 좋은 뜻을 가진 사람만을 기억하지 마십시오. 나쁜 뜻을 가졌던 사람들까지도 기억해 주십시오. 그들이 우리에게 한 모든 잔인한 행위만을 기억하시지 마시고 오히려 이러한 잔인함 때문에 우리가 쌓을 수 있었던 그 반대쪽 열매들을 기억해 주십시오.
>
> 우리들은 이 고통 때문에 더욱 든든한 동료 의식을 가질 수 있었고, 용기를 얻었습니다. 커다란 마음을 기를 수 있었고, 더욱 겸손해질 수 있었습니다. 이것은 우리 안에서 열매 맺어졌고 이제는 우리 존재의 한 부분이 되었습니다. 그건 그들 때문에 받은 고통으로 얻은 열매들입니다. 이러한 기억들이 한낱 잠꼬대가 되지 않도록 도와주소서.
>
> 그들과 함께 우리가 주님의 심판대 앞에 섰을 때, 그들 밑에서 고생한 모든 사람이 오히려 그들을 구하는 구원자

로 변화되게 해 주십시오. 한 알의 밀알이 땅에 떨어져 썩지 않으면 많은 열매를 맺을 수 없다는 것을 명심할 수 있게 도와주소서."[14]

자신을 비참한 죽음으로 내모는 이들을 기꺼이 용서하려는 이 사람의 기도는 작은 용서에도 인색한 우리를 부끄럽게 만든다. 한 사람을 진정한 승리자로 만드는 것은 복수가 아니라 용서다. 옛 성현은 용서가 얼마나 값진지를 이렇게 표현하였다.

"우리가 남을 죽인다면 짐승과 같이 되고, 남을 판단할 때는 인간과 같으며, 남을 용서할 때는 하느님과 같다."

신앙인은 용서해야 하는 이유를 일차적으로 하느님의 자비에서 찾는다. 예수님께서는 '매정한 종의 비유'(마태 18,21-35)를 통해 인간은 하느님으로부터 큰 용서를 받으며 살아가고 있고, 따라서 이웃을 향한 작은 용서를 거부해서는 안 된다고 가르치신다. 믿는 사람은 어렵고 힘들더라도 자신이 받은 용서에 대한 응답으로 이웃을 용서하고자 노력해야 한다.

이렇게 신앙에 근거해서 용서를 실천해야겠지만, 자신이 살기 위해서라도 용서해야 한다. 만일 사람이 용서하지 못한 채 미움과 증오를 가슴속에 품고 살아간다면 결국 자신에게도 큰 해가 된다. 부정적인 감정이 내면에 가득 찬 상태가 계속되면 몸이 견디지를 못한다. 가슴에 가득 찬 적개심, 분노, 울화는 우리의 육신과 영혼을 갉아먹는 독소와 같다. 또 부정적인 감정을 가슴에 오래 품게 되면 쉽게 짜증 내거나 어두운 얼굴로 지내는데, 그러면 주위 사람을 피곤하게 만든다. 이런 사람을 반길 리가 없으니 주변 사람들이 하나둘 떨어져 나가게 마련이다. 따라서 자신이 살기 위해서라도 용서해야 한다.[15]

용서가 어느 한순간에 이루어지기는 어렵다. 요셉도 형제들을 한 번에 용서하였다기보다는, 몇 차례 시험하는 과정에서 그들의 달라진 모습을 보며 용서하는 마음이 자라났던 것이 아닌가 싶다. 용서는 오랜 시간을 거치면서 이루어지는 경우가 많다.

용서하겠다고 결심해도 상대에 대한 섭섭한 마음, 미운 감정이 사라지지 않아서 용서가 안 된다고 괴로워할 필요는 없다. 비록 감정은 복잡하더라도, 의지의 차원에서 '예수님의 말씀대로 용서하자.'라고 다짐한다면, 용서는 이미 시작된 것이다. 머리, 곧 의지적 차원에서 시작된 용서는 가슴, 곧 감정의 차원에까지 이르러야 하지만, 그러기까지는 시간이 걸린다. 머리에서 가슴까지의 거리는 물리적으로는 두 **뼘** 남짓하지만, 심리적으로는 가장 먼 거리일 수도 있다. 용서하기란 어렵지만 평화라는 열매를 맺는 씨앗이라는 점을 잊지 말아야 한다.

"행복하여라, 평화를 이루는 사람들! 그들은 하느님의 자녀라 불릴 것이다."(마태 5,9)

죄인을 위해
중재하는 사람

아브라함이 조카 롯과 함께 이집트에서 다시 가나안으로 돌아왔을 때 두 사람의 목자들 간에 자리싸움이 벌어지자 롯과 헤어지기로 작정한다(창세 13,8-9). 롯은 아브라함의 양보 덕분에 풀과 물이 넉넉한 요르단의 들판을 자기 몫으로 선택하여 소돔에 자리를 잡는다. 그런데 소돔 사람들은 '악인들이며 주님 앞에 큰 죄인들'(13,13)이라 하느님께서는 천사들을 보내 그들을 심판하려고 하신다. 아브라함의 천막에 들렀던 천사들이 하느님의 계획을 알려 주자, 아브라함은 롯을 구하기 위해 소돔의 멸망을 어떻게든 막아 보고자 애를 쓴다.

소돔과 고모라 사람들은 왜 그렇게 타락하게 되었을까? 과도한 물질적 풍요 때문이라고 추정된다. 고대에는 생활필수품인 소금을 구하기가 어려워서 소금값이 매우 비쌌다. 그런데 사해 근처에 있었던 소돔과 고모라는 사해에서 손쉽게 얻은 돌소금을 팔아 막대한 부를 축적하였을 것이다. 사람은 돈을 많이 벌면 편안함과 즐거움을 찾기 마련이고, 그래서 타락하기가 쉽다.

　소돔과 고모라에는 성적인 타락이 매우 심각했다고 보는데, 이는 창세기 19장 5절을 근거로 한다.

> "오늘 밤 당신 집에 온 사람들 어디 있소? 우리한테로 데리고 나오시오. 우리가 그자들과 재미 좀 봐야겠소."

　이는 하느님의 천사 둘이 소돔에 다다라 롯의 집에 들어갔을 때 소돔의 남자들이 젊은이부터 늙은이까지 모두 몰려와서 천사들을 내놓으라고 요구하며 했던 말이다. 아마도 성적인 타락은 소돔과 고모라의 총체적 타락의 일부분이었을 것이다. 소돔과 고모라의 죄악은 너무나 무거워서 원성이 하늘에까지 닿았을 정도라고 한다(18,20). 그래서 마침내 하느님께서는 이 도시들을 심판하시고자 천사들을 보내신 것이다.

　아브라함은 소돔과 고모라를 없애 버리겠다는 천사들의

말을 듣고는 적극적으로 중재에 나선다. 하느님의 심판은 공정해야 하지 않느냐면서 이렇게 간청한다.

> "진정 의인을 죄인과 함께 쓸어버리시렵니까? 혹시 그 성읍 안에 의인이 쉰 명 있다면, 그대로 쓸어버리시렵니까? …… 의인을 죄인과 함께 죽이시어 의인이나 죄인이나 똑같이 되게 하시는 것, 그런 일은 당신께 어울리지 않습니다."(18,23-25)

아브라함의 간절한 청에 하느님께서는 그렇게 하시겠다고 대답하신다. 이어서 아브라함은 혹시 의인 쉰 명이 없을지 모른다는 염려에서 마흔다섯 명만 되어도 멸하지 않으시겠느냐고 다시 묻는다. 하느님께서는 이번에도 그렇게 하시겠다고 대답하신다. 이렇게 묻고 대답하기를 거듭한다. 멸망을 막기 위해 필요한 의인의 수는 마흔 명, 서른 명, 스무 명으로 내려가다가 열 명까지 줄어든다. 마침내 아브라함은 그 열 명을 보아서라도 멸하지 않겠다는 하느님의 최종 대답을 얻어 낸다.

아브라함은 멸망을 막을 의인의 숫자를 줄여 가기 위해 하느님께 간청할 때마다 자신을 낮추고 또 낮춘다.

"저는 비록 먼지와 재에 지나지 않는 몸이지만, 주님께 감히 아룁니다."(18,27)

"제가 아뢴다고 주님께서는 노여워하지 마십시오."(18,30)

"제가 다시 한번 아뢴다고 주님께서는 노여워하지 마십시오."(18,32)

하지만 아브라함의 간청에도 불구하고 소돔과 고모라는 의인 열 명이 없어서 결국 멸망하게 된다. 창세기 19장 24-25절은 멸망의 장면을 이렇게 전한다.

"주님께서 당신이 계신 곳 하늘에서 소돔과 고모라에 유황과 불을 퍼부으셨다. 그리하여 그 성읍들과 온 들판과 그 성읍의 모든 주민, 그리고 땅 위에 자란 것들을 모두 멸망시키셨다."

오늘날 이 구절을 근거로 소돔과 고모라는 큰 지진에 의해서 파괴된 것으로 추정하기도 한다.

소돔과 고모라가 멸망하지 않도록 자신을 낮춰 하느님께 간청하는 아브라함의 모습에서 성경이 말하는 의인義人의 특징이 드러난다. 일반적으로 의인이라고 하면, 하느님의 뜻을 충실히 따르고 죄를 피하며 불의와 타협하지 않는 올곧은 사람이라고 생각한다. 그런데 이런 사람일수록 자신은 깨끗하다고 생각하면서 죄지은 사람을 단호하고 냉정하게 대하는 경우가 많다. 하지만 아브라함은 달랐다. 다른 이들이 죄를 지어도 어떻게든 멸망을 막아 보려고 애를 쓴다.

이런 아브라함의 모습에는 '악인의 죽음을 기뻐하지 않고, 악인이 잘못된 길에서 돌아서서 사는 것을 기뻐하시는 하느님'(에제 33,11)의 마음이 반영되어 있다. 하느님께서는 인간의 죽음이 아니라 생명을 원하신다. 신약 성경에서는 요셉이 바로 그런 하느님의 뜻에 따라 행동한다.

요셉은 약혼자 마리아가 결혼 전에 임신한 것을 알고 마리아와 헤어지기로 결심한다. 마리아는 처녀의 몸으로 성령에 의해 예수님을 잉태하였지만, 요셉은 이런 사실을 몰랐기 때문에 그렇게 결정한 것이다. 마리아가 결혼 전에 임신한 사실이 알려지면 수치를 당할 뿐만 아니라 당시 율법에 따르면 간음죄를 범한 것으로 여겨져서 죽임을 당할 위험까지 있었다. 요셉은 이런 비극을 원치 않았기에 조용하게 일을 해결하고자 한다.

> "마리아의 남편 요셉은 의로운 사람이었고 또 마리아의 일을 세상에 드러내고 싶지 않았으므로, 남몰래 마리아와 파혼하기로 작정하였다."(마태 1,19)

요셉은 하느님의 율법에 충실한 의로운 사람이었지만, 사람의 생명을 소중히 여기는 너그러운 사람이기도 했다. 나중에 요셉은 꿈속에서 마리아가 성령에 의해 잉태하였다는 천사의 말을 듣고 마리아를 아내로 받아들인다.

이렇게 볼 때 성경에서 의인이란, 하느님의 뜻에 따라 죄와 악을 멀리하면서 살지만, 다른 이들에게 관대한 사람, 죄인이라고 해도 어떻게든 살리려고 노력하는 사람이라고 할 수 있다. 엄정한 심판만이 아니라 따뜻한 자비가 있어야 의인이라고 할 수 있다.

농사가 제대로 되려면 겨울철 추위가 필요하다. 땅속의 병

균이나 벌레가 죽어야 다음 해 농사에 지장이 없기 때문이다. 하지만 정작 씨앗을 싹트고 자라게 하는 것은 부드럽고 따뜻한 봄기운이다. 이와 마찬가지로 의인에게는 죄를 피하고 불의에 저항하려는 단호함이 꼭 필요하지만, 사람을 살리려는 자비로움이 더 커야 한다.

의인 중에서 의인이신 예수님에게서도 이런 면모를 발견하게 된다. 율법 학자들과 바리사이들은 말만 하고 실행은 하지 않는 위선자라고 신랄하게 비난하시면서, 그들이 결국 멸망의 운명에 처할 것이라고 격하게 말씀하신다.

> "너희 뱀들아, 독사의 자식들아! 너희가 지옥형 판결을 어떻게 피하려느냐?"(마태 23,33)

또한, 불의한 통치자였던 헤로데 안티파스를 "여우"(루카 13,32)라고 지칭하시고, 세상의 임금들이 자신을 백성의 은인이라고 부르게 하지만, 실상은 백성 위에 군림하고 권세를 부린다고 비판하신다(루카 22,25). 예수님께서는 죄를 짓고도 회개를 거부하는 완고한 마음을 지닌 사람들을 단호함으로 대하신 것이다.

하지만 다른 한편으로 예수님께서는 천대받고 멸시받던 이들, 특히 세리와 창녀를 자비로써 대하신다. 그 당시의 통념으로는 종교적으로 경건한 사람일수록 죄인들과의 접촉을 피해야만 했다. 죄인과 접촉하는 것만으로도 죄에 물들 수 있다고 생각했기 때문이다. 그러나 예수님께서는 이런 통념과는 정반대로 죄인들을 가깝게 대하셨다. 예수님의 이런 따듯함은 죄인들의 굳은 마음을 녹여서 부드럽게 만드셨다. 그들은 비록 죄를 지었지만, 예수님을 통해 전해진 하느님의 자비에 응답해서 회개할 준비가 된 사람들이다. 세리 자캐오가 대표적인 예다.

예수님 활동 당시에 세리는 압제 세력인 로마인들을 대신해 세금을 징수하던 사람으로 멸시와 미움의 대상이었다. 예리코의 세관장이었던 자캐오는 거리를 지나시던 예수님을 만나고, 예수님께서는 그의 집을 방문하신다. 멸시와 천대만 받던 자캐오는 이런 '사람대접'에 감격하여 선뜻 자기 재산의 반을 가난한 사람에게 나누어 주겠다고 약속한다(루카 19,1-9). 따뜻한 봄바람이 언 땅을 녹이듯이, 예수님께서는 당신의 자비로써 자캐오의 굳은 마음을 부드럽게 만들어 변화를 불러오신 것이다.

이렇게 자비는 죄인의 회개를 불러일으키는 힘이 있다. 따라서 의인은 하느님 뜻에 충실하고 죄를 피하려는 단호함만이 아니라 자비심을 갖고 죄인의 구원을 위해 중재할 수 있어야 한다. 하느님께서는 죄인의 죽음을 원치 않고 회개하여 살기를 원하시기 때문이다.

"행복하여라, 자비로운 사람들! 그들은 자비를 입을 것이다."(마태 5,7)

하느님 약속의 실현을
믿는 사람

하느님께서는 일흔다섯이라는 고령의 아브라함을 고향에서 불러내시면서 땅을 주시고, 큰 민족이 되게 해 주시겠고 약속하신다(창세 12,1-4). 그러나 가나안에 도착한 아브라함은 정착할 안정된 땅을 확보하지도 못했을 뿐 아니라, 아내 사라에게서 이사악을 얻기까지 25년이나 기다려야 했다. 아브라함만이 아니라 아이를 낳기에는 사라도 너무 나이가 많았지만, 아브라함은 하느님의 약속을 믿고 그것이 실현되기를 희망하며 기다렸다. 그래서 바오로 사도는 "그는 희망이 없어도 희망하며, '너의 후손들이 저렇게 많아질 것이다.' 하신 말씀에 따라 '많은 민족의 아버지'가 될 것을 믿었습니다."(로마 4,18)라고 말한다.

성모 마리아도 하느님 약속의 말씀이 이루어지라는 것을

굳건히 믿은 분이시다. 마리아는 가브리엘 천사가 이제 곧 아들을 잉태하여 낳으리라고 말했을 때, 그 말을 이해하지 못했다. 요셉과 약혼하였지만, 아직은 처녀의 몸이었기 때문이다. 그래서 마리아는 그런 일이 어떻게 가능하냐고 묻는데, 천사는 친척 엘리사벳도 늙은 나이에 아들을 잉태했다는 것을 기억하라면서, "하느님께는 불가능한 일이 없다."(루카 1,37) 하고 말한다. 그러자 마리아는 "보십시오, 저는 주님의 종입니다. 말씀하신 대로 저에게 이루어지기를 바랍니다."(루카 1,38)라고 대답한다. 천사가 떠난 다음 마리아는 친척 엘리사벳을 찾아가는데, 엘리사벳은 마리아가 '주님께서 하신 말씀이 이루어지리라고 믿었기 때문에 행복하다.'(루카 1,45) 하고 찬사를 보낸다.

신앙인은 아브라함이나 성모님처럼 하느님의 약속이 성취될 것을 믿는 사람이다. 설사 그 약속이 현실적으로 불가능해 보이더라도 말이다. 하느님께서는 당신이 하신 약속을 반드시 이루시는 분이다. 가브리엘 천사가 마리아에게 이야기했듯이 하느님께는 불가능한 일이 없기 때문이다.

그런데 하느님의 시간과 우리의 시간은 다르다. 우리는 하느님의 약속이 최대한 빨리 이루어지기를 바라지만, 많은 경우에 하느님께서는 당신이 하신 약속을 훨씬 늦게 실현하신다. 그러므로 우리는 인내를 갖고 기다릴 줄 알아야 한다.

또한 하느님께서는 당신의 약속을 분명히 들어주시지만 당신이 보시기에 합당한 때에, 우리에게 보탬이 되는 방식으로 이루어 주신다. 이를 깨닫게 해 주는 이야기가 하나 있다.

어떤 아버지가 아들 하나를 얻게 되었다. 다 늙은 나이에 얻은 외아들이라 애지중지하며 키웠다. 그런데 너무 응석받이로 키웠더니 성인이 되었는데도 부모에게 의존만 할 뿐 자립할 능력이 없었다. 이제 살 수 있는 날이 얼마 남지 않았음을 느낀 아버지는 아들의 장래가 걱정되었다. 노환으로 병석에 누운 아버지는 아들을 불러 놓고 이렇게 당부한다.

"내가 죽은 다음에 네가 어떻게 살아갈지 걱정이 많이 된다. 그래서 너를 위해 보물 한 단지를 마련해서 집 뒤의 밭에 묻어 두었다. 내가 죽고 나면 그것을 찾아서 팔아 생계를 이어 나가도록 해라."

아들은 장례를 지낸 다음 아버지의 유언대로 밭을 구석구석 파 보았지만, 어디에서도 보물단지를 찾을 수 없었다. 분한 마음을 가득 품은 채 며칠을 지내다 문득 기왕 파 놓은 밭이니 씨나 뿌려 두자는 생각이 들었다. 아들은 그 생각을 실행에 옮겼고, 가을이 되자 풍성한 결실을 거두어 다음 한 해 동안 충분히 먹고살 수 있는 양식을 장만했다. 그제야 아들은 아버지의 깊은 뜻을 깨닫게 되었다. 자신의 노력과 땀이 바로 숨겨진 보물임을 알게 된 것이다.

하느님께서도 이런 방식으로 당신의 약속을 이루시는 것 아닐까? 당신의 약속을 꼭 지키시지만, 동시에 우리에게 진정 도움이 되고, 우리를 깨우치시는 방식으로 말이다. 하느님께서는 우리의 기대와 상상을 초월하는 방법으로 당신의 약속을 성취하신다. 그것을 알아보기 위해서는 선입견을 버리고 열린 마음으로 기다릴 줄 알아야 한다. 당신이 하신 약속을 반드시 이루시는 하느님께서는, 예수님 말씀대로 당신에게 청하는 이들에게 응답해 주시는 분이기도 하다.

> "누구든지 청하는 이는 받고, 찾는 이는 얻고, 문을 두드리는 이에게는 열릴 것이다."(마태 7,8)

그분은 우리가 청하는 것보다는 당신이 보시기에 우리에게 꼭 필요한 것, "좋은 것"(마태 7,11)을 주시며 우리의 청원에 응답하신다. 우리의 영적 선익을 위해 때로는 우리가 청한 것과는 반대되는 것을 주시기도 한다. 이를 깨달은 환자 한 사람은 다음과 같은 감사 기도를 바쳤다.

> 주님, 저는 출세하기 위해 건강과 힘을 원했으나, 제게 순종을 배우라고 나약함을 주셨습니다.
> 주님, 저는 위대한 인물이 되고 싶어 건강을 청했으나, 보다 큰 선을 행하게 하시려고 제게 병고를 주셨습니다.
> 주님, 저는 행복하게 살고 싶어 부귀함을 청했으나, 제가 지혜로운 자가 되도록 가난을 주셨습니다.
> 주님, 저는 존경받는 자가 되고 싶어 명예를 청했으나, 저를 비참하게 만드시어 당신만을 필요로 하게 해 주셨습니다.
> 주님, 저는 제 삶을 즐겁게 해 줄 수 있는 모든 것을 청했으나, 모든 이를 즐겁게 해 주어야 하는 삶의 길을 열어 주셨습니다.
> 주님, 제가 청한 것은 하나도 받지 못했지만, 주님께서

는 제게 필요한 모든 것을 주셨습니다.
주님! 감사합니다.

우리는 자주 죄를 지어서 하느님의 마음을 아프게 하지만, 그렇다고 하느님께서는 우리를 외면하고 내치지 않으신다. 이사야 예언자는 이를 어머니의 끈질긴 사랑에 비유해 "여인이 제 젖먹이를 잊을 수 있느냐? 제 몸에서 난 아기를 가엾이 여기지 않을 수 있느냐? 설령 여인들은 잊는다 하더라도 나는 너를 잊지 않는다."(이사 49,15)라고 시적으로 표현한다.

또한 시편의 저자는 이렇게 고백한다.

"내 아버지와 어머니가 나를 버릴지라도 주님께서는 나를 받아 주시리라."(시편 27,10)

신앙인으로서 하느님의 계명을 성실히 지키고 선한 일을 하는 것은 매우 중요하다. 하지만 그보다 더 중요하고 선행되어야 할 것은 하느님의 자비를 깨닫고 감사하는 마음이다. 예수님께서 들려주신 '되찾은 아들의 비유'(루카 15,11-32)에 나오는 아버지처럼, 하느님께서는 그분에게 등을 돌리고 떠나는 사람이 당신 품으로 돌아오기를 애타게 기다리시고, 그가 비록 초라한 모습으로 돌아온다고 해도 풍성한 자비로 맞아들이신다. 계명을 지키고 착하게 사는 것은 이런 하느님의 무한한 사랑에 대한 응답으로 따라 나오는 것이다.

    부모의 사랑이 하늘같이 높고 바다같이 깊다는 것을 깨달은 자식이라면, 부모를 신뢰하면서 그분들의 뜻에 따라 살려고 한다. 이와 마찬가지로 하느님께서 자신을 끔찍이 아끼신다는 것을 깨달은 사람은 그분을 신뢰하며 그분의 뜻이 이루어지기를 기원하고 희망한다. 그런 사람은 한 걸음 더 나아가 자신이 가진 가장 소중한 것까지도 기꺼이 바칠 줄 안다.

가장 소중한 것을
바치는 사람

일흔다섯에 고향을 떠난 아브라함은 백 살이 되어서야 하느님께서 약속하신 아들 이사악을 얻는다. 그런데 느닷없이 하느님께서는 이 귀한 아들을 번제물로 바치라고 하신다.

> "너의 아들, 네가 사랑하는 외아들 이사악을 데리고 모리야 땅으로 가거라. 그곳, 내가 너에게 일러 주는 산에서 그를 나에게 번제물로 바쳐라."(창세 22,2)

번제는 제물을 완전히 태우는 제사로서, 고대 사회에서는 신에게 바치는 최고의 제사로 간주되었다. 아이를 번제물로 바치는 풍습은 고대 가나안에서 널리 유행하던 우상숭배와 밀접하게 관련된 경신례였다. 가나안 사람들은 어린아이를 불살라 바치는 제사가 신의 마음을 가장 깊이 사로잡는 경신 행위라고 믿었다. 이런 악습은 이스라엘 백성이 가나안에 정착하면서 이스라엘 안에도 점차 들어오게 되었다.

구약 성경, 특히 레위기(18,21; 20,2-5)와 여러 예언서(예레 7,31; 에제 23,37)에서는 이를 엄격히 금하는데, 이스라엘이 이 악습에서 온전히 벗어난 것은 바빌론 유배 이후라고 추정된다. 이스라엘에서는 사람 대신 소나 양을 희생 제물로 삼았는데, 나중에 예언자들의 줄기찬 노력 덕분에 정신적·영적인 의미의 희생 제사를 생각하기에 이른다.

이를테면 호세아 예언자는 하느님께서 바라시는 것은 "희생 제물이 아니라 신의"고 "번제물이 아니라 하느님을 아는 예지다."(호세 6,6)라고 강조한다. 나중에 예수님께서는 이 구절을 인용해서 당신이 세리와 함께 식사하시는 것을 비난하는 바리사이파 사람들에게 응답하신다.

> "너희는 가서 '내가 바라는 것은 희생 제물이 아니라 자비다.' 하신 말씀이 무슨 뜻인지 배워라."(마태 9,13)

또한 시편의 저자는 하느님께서 제사보다는 통회하고 뉘우치는 마음을 더 즐겨하신다고 노래한다.

> "당신께서는 제사를 즐기지 않으시기에 제가 번제를 드려도 당신 마음에 들지 않으시리이다. 하느님께 맞갖은 제물은 부서진 영. 부서지고 꺾인 마음을 하느님, 당신께서는 업신여기지 않으십니다."(시편 51,18-19)

외아들 이사악을 바치라는 하느님의 말씀은 아브라함에게는 이해할 수 없는 명령이었을 것이다. 하느님께서 약속하셔서 오래 기다리다가 얻었고, 또한 애지중지하면서 키운 아들인데, 그 아들을 번제물로 바치라니! 이 명령을 받고 아브라함은 몹시 괴롭고 힘들어했을 것이다. 아무리 하느님께 충실한 아브라함이라고 해도 인간적 고민과 고뇌가 없지 않았을 테다. 그러나 성경은 그것에 대해 어떤 언급도 없이 "아브라함은 아침 일찍 일어나" 모든 준비를 마친 다음에 "하느님께서 자기에게 말씀하신 곳으로 길을 떠났다."(창세 22,3)라고만 전할 뿐이다. 이는 아브라함의 완벽한 순종을 강조하는 표현이라고 할 수 있다.

아브라함은 목적지에 이르러 제물을 바치기 위해 제단을 쌓는다. 그리고 이사악을 묶어서 제단 장작더미 위에 올려놓고는 칼로 찌르려 한다. 그 순간에 하느님의 천사가 나타나 아브라함을 부르면서 하느님을 대신하여 이렇게 말한다.

> "그 아이에게 손대지 마라. 그에게 아무 해도 입히지 마라. 네가 너의 아들, 너의 외아들까지 나를 위하여 아끼지 않았으니, 네가 하느님을 경외하는 줄을 이제 내가 알았다."(22,12)

하느님께서는 아브라함에게 덤불에 뿔이 걸린 숫양 한 마리를 보여 주시면서 이사악 대신 번제물로 바칠 수 있게 해 주신다. 그래서 그곳은 '야훼 이레'라는 이름으로 불리게 되는데, "주님의 산에서 마련된다."(22,14)라는 뜻이다. 이 사건을 통해 하느님에 대한 아브라함의 믿음과 순종의 마음이 얼마나 확고한지 분명하게 드러났다.

하느님께서는 왜 아브라함에게 이런 시련을 주셨을까? 분명한 대답을 얻기는 어렵지만, 인간사에 비추어서 다음과 같이 추측할 수 있다. 아브라함은 늘그막에 얻은 아들을 세상 그 무엇보다도 아끼고 사랑하면서 온갖 정성을 다해 키웠을 것이다. 그런데 사람은 자신이 소중히 여기는 것에 마음이 간다. 누군가를 향하는 사랑과 관심이 크면 클수록 그 사람에게 마음을 뺏기게 마련이다. 아브라함도 외아들 이사악에게 온통 마음을 뺏겼던 것이 아닐까? 하느님보다도 아들에게 더 마음이 가 있을 정도로 말이다.

부모가 자식을 사랑하는 것은 당연하다. 하지만 그 사랑 때문에 부모가 자식에게 얽매이게 될 수도 있다. 하느님께서는 바로 이런 '피조물에 매임'에서 아브라함을 해방하시기 위해 이사악을 번제물로 바치라고 하신 것은 아닐까? 다행히 아브라함은 군말 없이 하느님의 명령에 순종하여서 자신의 생명과도 같은 외아들 이사악을 제물로 바치려고 하였다.

아브라함이 하느님께 순종하여 외아들을 바치려고 했듯이, 예수님도 하느님의 뜻에 순종하여 모든 것을 바치셨다. 아브라함은 외아들을 바칠 뻔한 것으로 그쳤지만, 예수님께서는 실제로 자신의 목숨을 바치셨다. 성경에 언급이 없기에 아브라함은 어떠했는지 모르지만, 예수님께서는 자신의 목숨을 바치시기 전날 밤 겟세마니 동산에서 기도하시면서 몹시 괴로워하셨다. "그분께서는 근심과 번민에 휩싸이기 시작"하셨고, 함께 간 제자들에게 "내 마음이 너무 괴로워 죽을 지경이다."라고 말씀하셨다(마태 26,37-38). 또한 예수님의 고뇌가 얼마나 컸던지 "땀이 핏방울처럼 되어 땅에 떨어졌다."(루카 22,44)라고 한다.

예수님께서는 이렇게 극심한 고뇌와 괴로움 중에 기도하신 끝에 아버지 하느님의 뜻을 따르겠다고 하신다.

"아버지, 아버지께서 원하시면 이 잔을 저에게서 거두어 주십시오. 그러나 제 뜻이 아니라 아버지의 뜻이 이루어지게 하십시오."(루카 22,42)

여기서 '잔'은 십자가 죽음을 뜻한다. 자신의 목숨을 바친다는 것은 매우 고통스러운 일이기에 하느님의 아들이신 예수님도 피하고 싶어 하셨다. 그러나 예수님께서는 자기 뜻보다는 아버지의 뜻을 우선으로 삼으셨고, 결국 그 뜻에 따라 인류 구원을 위해 자기 목숨을 바치셨다. 이런 예수님의 자기 봉헌은 부활로 이어져서 인류를 위한 큰 축복의 근원이 되었다.

하느님께서는 외아들을 바치기를 꺼리지 않았던 아브라함

을 축복해 주신다.

> "나는 너에게 한껏 복을 내리고, 네 후손이 하늘의 별처럼, 바닷가의 모래처럼 한껏 번성하게 해 주겠다. 너의 후손은 원수들의 성문을 차지할 것이다. 네가 나에게 순종하였으니, 세상의 모든 민족들이 너의 후손을 통하여 복을 받을 것이다."(창세 22,17-18)

아브라함에게 내렸던 하느님의 축복은 예수님에게서 정점에 이른다. 예수님께서는 하느님의 뜻에 순종하여 십자가에서 자신의 목숨을 바치셨고, 이에 하느님께서는 예수님의 부활로 응답하셨다. 그리고 예수님의 부활 덕분에 죄와 죽음이란 '원수의 성문'이 부서지고, 모든 사람이 영원한 생명에 참여하게 되는 '복'을 누리게 되었다. 이렇게 아브라함과 예수님을 통해 하느님께 희망을 두고 그분에게 자신의 소중한 것을 바치는 봉헌이 결코 헛된 일이 아니라 도리어 자신은 물론 다른 이들에게도 축복이 되는 길임이 드러났다.

물론 하느님께 희망을 두고 자신의 모든 것을 바치는 것은 매우 어려운 일이다. 그러나 우리는 교회 역사에서 그 어려운 일을 기꺼이 했던 모범적인 신앙인을 많이 만날 수 있다. 한 예로 토마스 모어(1478~1535년) 성인을 들 수 있다.

토마스 모어는 훌륭한 인품과 현명한 판단력 그리고 풍부한 유머로 왕은 물론 백성 전체의 존경을 받던 인물로서, 1529년에 영국의 재상으로 임명된다. 그런데 당시 국왕 헨리 8세는 자신의 이혼 문제로 교황청과 대립하게 되었고, 이에 반대한 토마스 모어는 1532년 재상 자리에서 물러난다. 결국 헨리 8세는 교회의 가르침을 거슬러서, 왕비 아라곤의 캐서린과 이혼하고 왕비의 시녀였던 앤 불린과의 결혼을 감행한다. 로마 교황청이 이 결혼을 인정하지 않자, 분노한 헨리 8세는 잉글랜드와 교황청의 관계를 단절한다. 그리고 1534년에 영국 교회의 최고 결정권자는 로마 교황청이 아니라 잉글랜드 국왕 자신임을 공표하는 수장령을 발표하고, 백성에게 이를 따르라고 명령하였다.

이때 많은 이들이 목숨을 건지려고 왕의 명령을 따랐다. 하지만 토마스 모어는 회유와 위협에도 불구하고 끝까지 거부했고, 결국 1535년에 단두대에서 목숨을 잃게 된다. 그는 처형대 앞에 선 군중을 향해 "나는 왕의 충실한 종 이전에 하느님의 종으로 죽는다."라고 선언했다. 평소에도 유머가 많았던 그는 죽을 때에도 유머 감각을 잃지 않았다. 그는 사형 집행인에게 자기 수염은 반역죄를 짓지 않았기 때문에 도끼를 받을 이유가 없다면서 수염을 잡아 빼고는 "내 목은 매우 짧으니 조심해서 자르게."라고 당부했다고 전해진다.[16]

토마스 모어는 하느님을 위해 가족과 지위와 명예, 그리고 목숨까지, 말 그대로 자기 것을 모두 바쳤다. 가톨릭 교회는 토마스 모어가 죽은 지 400주년이 되는 해인 1935년에 그를 성인 반열에 올림으로써 신앙인의 모범으로 삼았다. 또한 2000년에 요한 바오로 2세 성인 교황은 그를 정치가의 수호성인으로 선포하기도 했다. 가톨릭 교회가 지속되는 한 토마스 모어라는 이름은 세세 대대로 기억될 것이다.

성당에 왜 다니느냐고 물으면, 많은 이들은 "마음의 평화를 얻기 위해서"라고 대답한다. 물론 신앙이 내적 평화를 주는 것은 맞다. 앞에서 살펴본 대로 하느님을 믿음으로써 인간적으로 볼 때는 절망과 체념밖에 남지 않은 상황에서도 희망을 길어 낼 수 있기 때문이다. 또한 신앙은 모든 사람이 나를 떠나더라도 하느님만은 결코 나를 버리시지 않는다는 확신을 주기 때문이다.

하지만 신앙에는 다른 측면도 있다. 마음의 평화가 은총의 선물이라면, 이 선물에 감사하며 응답해야 한다는 것이다. 다시 말해 신앙인은 하느님께서 자신에게 가장 소중히 여기는 것을 요구하신다면, 여기에 응해야 한다. 효도에는 부모의 은혜를 깨닫고 감사하는 측면도 있지만, 부모를 위해 헌신하는 것도 포함되듯이 말이다.

하느님께서는 완전하신 분이시기에 무엇이 부족해서 우리에게 요구하시는 것이 아니다. 당신을 위해서가 아니라 다른 사람의 축복과 구원을 위해서다. 그리고 하느님께서는 당신의 요구에 기꺼이 응하는 신앙인에게 분명히 더 좋은 것을 마련해 주신다. 신앙인이라면 "야훼 이레", 즉 "주님의 산에서 마련된다."라는 창세기 22장 14절의 말씀을 마음에 새기며, 하느님께서 희생과 헌신을 요구하실 때 주저하지 말고 응해야 할 것이다.

"주님의 산에서 마련된다."

하느님께서는
당신의 요구에 기꺼이 응하는 신앙인에게
분명히 더 좋은 것을 마련해 주신다.

하느님께 선택된 사람

하느님께서는 특정 인물이나 민족을 선택하신다. 아브라함을 선택하시고, 이어서 그의 아들 이사악도 선택하신다. 이사악의 쌍둥이 형제 에사우와 야곱 중에서는 야곱을 선택하시고, 야곱의 열두 아들 중에서는 요셉을 특별히 선택하신다. 또한 하느님께서는 세상 많은 민족 중에서 이스라엘을 선택하신다. 하느님께서는 왜 이렇게 특정 인물, 특정 집단을 선택하셔서 특별히 돌보시는 것일까?

많은 이들이 하느님의 선택을 흑백 논리로 생각한다. 선택된 사람은 구원받고 그렇지 않은 사람은 멸망한다고 말이다. 이를테면 거리에서 '예수 천당, 불신 지옥'을 외치는 이들이 그렇게 주장한다. 또 어떤 이는 하느님의 선택과 관련해서 '극단적 예정론'을 펴기도 한다. 하느님께서는 처음부터 어떤 사람은 멸망당할 자로, 어떤 사람은 구원받을 자로 예정하셨다는 것이다. 그래서 멸망으로 예정된 사람은 아무리 좋은 일을 해도 구원받을 수 없는 반면에, 구원받기로 예정된 사람은 일부러 잘못을 범하더라도 결국에는 구원받게 되어 있다는 것이다.

그러나 이런 주장은 잘못되었다. 하느님의 선택은 궁극적으로 구원을 위한 선택이지, 누구를 멸망시키기 위한 선택이 아니기 때문이다. 바꿔 말하면, 하느님께서는 하나를 취하고 다른 하나는 버리려고 선택하시는 것이 아니다. 이 사실은 양자택일을 하시는 경우에 더욱 분명히 드러난다.

하느님께서는 아브라함의 두 아들 중에서 적자인 이사악을 택하시는데, 그렇다고 서자인 이스마엘을 내치지는 않으신다. 아브라함의 아내 사라는 자식을 낳지 못해서 여종 하가르의 몸을 빌려서 아들 이스마엘을 얻는다. 하지만 자신이 이사악을 낳고 나서는 그 모자를 미워하여 내쫓아 버린다. 하느님께서는 하가르와 이스마엘이 광야에서 헤매다가 물이 떨어져 죽을 위기에 놓였을 때 그들을 구해 주신다. 그리고 이스마엘이 큰 민족의 조상이 될 것이라는 약속을 해 주셨을 뿐만 아니라, "그 아이와 함께" 계셨다(창세 21,18-20).

이렇게 이스마엘의 예만 보아도 선택되지 않았다고 해서 멸망할 운명에 놓여 있는 것은 아님이 분명하다. 에사우의 경우도 마찬가지다. 하느님께서는 야곱을 선택하셨지만, 선택되지 않은 에사우를 버리지 않으셨다. 그 역시 큰 민족을 이루게 하시고 그의 후손이 정착할 땅도 주셨다. 비록 에사우는 선택받지 못했지만, 하느님의 축복에서 제외되지 않았다. 라반의 집에서 도망쳐 나와서 에사우를 만난 야곱이 자기 재산의 한몫을 선물하려고 하자, 에사우는 "내 아우야, 나에게도 많다. 네 것은 네가 가져라."(33,9) 하면서 사양할 정도로 풍족하게 살았던 것이다.

　선택받은 이들도 때로는 비난받아 마땅한 행동을 한다. 아브라함이나 이사악이 기근을 피해 남의 땅에서 잠시 몸 붙여 살게 되었을 때, 그들은 살아남기 위해 자기 아내를 누이라고 속인다. 그런데 이런 속임수가 탄로 나서 파라오나 필리스티아 임금에게 꾸지람을 듣는다. 선택받은 자가 선택받지 않은 자에게 야단을 맞은 것이다. 이런 사건 또한 하느님에 의한 선택과 비非선택을 무조건 구원, 무조건 멸망이라는 흑백 논리로 이해해서는 안 된다는 사실을 분명하게 드러낸다.

　하느님의 선택은 배타적이지 않고 개방적인 것으로서, 그분의 보편적 구원 의지를 실현하는 것을 목표로 한다. 하느님께서 아브라함을 선택하신 이유는 그를 통해서 모든 이가 복을 받아 구원되는 데에 있다.

"세상의 모든 종족들이 너를 통하여 복을 받을 것이다."(12,3)

또한 이스라엘 백성을 선택하신 이유는 그들을 통해서 모든 사람에게 당신의 이름을 알리게 하기 위해서다. 이스라엘 백성은 자신들과 함께하신 하느님의 구원 역사를 이야기하고 증거함으로써, 다른 백성도 하느님을 알도록 인도하는 '사제적 백성'(탈출 19,6)이 되어야 한다.

하느님께서 선택하신 목적은 선택된 자에게 특전을 부여하는 데 있지 않고 남을 위한 존재로서의 소명召命에 있다. 다시 말해 선택받은 개인이나 집단이 하느님의 특별한 보호와 은총 속에 있는 이유는 하느님의 보편적 구원 의지의 도구가 되는 데에 있다. 이런 점은 예수님께서 승천하시며 당신이 뽑아 세우신 제자들을 세상에 파견하시는 데에서 분명하게 드러난다.

"그러므로 너희는 가서 모든 민족들을 제자로 삼아, 아버지와 아들과 성령의 이름을 세례를 주고, 내가 너희에게 명령한 모든 것을 가르쳐 지키게 하여라."(마태 28,19-20)

예수님의 파견 명령은 세례성사를 받은 모든 이에게 해당한다. 세례성사를 받으면 모든 죄의 사함을 받고 하느님의 자녀로 새로 태어난다. 세례성사를 통해 하느님의 아들딸로 선택된 이들에게는 하느님의 특별한 은총이 약속되어 있다. 아울러 이 은총의 힘으로 하느님의 자녀답게 살면서, 올바른 삶으로써 모범을 보여야 하는 과제도 주어진다. 예수님의 말씀대로 '세상의 빛과 소금'(마태 5,13-16)이 되어야 한다. 이기심과 아집에 사로잡혀서 스스로 지옥을 만들며 살아가는 이들에게 하느님을 알려 주어 그분을 믿도록 함으로써 축복과 구원의 길로 들어서도록 인도해야 한다. 하느님의 자녀로 거듭나 그분의 은총을 받고 살면서도 자신에게 주어진 과제를 망각하고 소홀히 한다면, 나중에 하느님 앞에 설 때 고개를 들지 못할 것이다. 예수님께서는 이런 이들을 경고하고자 이렇게 말씀하신다.

"소금이 제맛을 잃으면 무엇으로 다시 짜게 할 수 있겠느냐? 아무 쓸모가 없으니 밖에 버려져 사람들에게 짓밟힐 따름이다."(마태 5,13)

하느님의 자녀로 선택된 사람은 세상 구원을 위해 사랑의 열매를 맺어야 한다(요한 15,16). 이렇게 볼 때 하느님께 선택되어 그분의 아들딸로 산다는 것은 기쁨인 동시에 두려움이기도 하다. 하지만 두려움에 짓눌려서 침울하게 살아갈 필요는 없다. 각자의 자리에서 자신에게 부여된 과제와 사명을 충실하게 수행하면 된다. 일의 결과가 초라하더라도, 자신이 너무 부족하다고 여겨져도 거기에 너무 연연하지 않아도 된다. 하느님께서는 항상 우리 곁에 계시면서 필요할 때에 도움의 손길을 내밀어 주시기 때문이다.

또한 인간적 나약함으로 인해서 하느님의 자녀답지 못한 모습을 보여서 부끄럽고 죄스러울 때도 있을 것이다. 그렇더라도 낙담과 절망에 빠져서 자포자기해서는 안 된다. 하느님의 은총은 인간의 죄와 잘못보다 훨씬 크기 때문이다. 하느님께서는 너그럽게 용서하시는 분일 뿐만 아니라 죄와 잘못마저도 선으로 이끄시는 분이다. 이런 점은 아브라함을 비롯한 다른 성조들의 삶이나, 이스라엘 백성의 역사에서 잘 드러난다.

하느님께 선택된 사람은 자기 사명을 충실히 수행하면서도 그 결과에 매이지 않으며, 자신의 죄와 허물을 직시하면서도 낙심하지 않고 살아갈 수 있다. 그래서 하느님의 자녀가 된 사람은 인생의 역경 속에서도 하느님께 의지하면서 여유를 갖고 미소 지을 수 있다. 토마스 모어 성인이 단두대에서도 유머 감각을 잃지 않았듯이 말이다.

참된 자유인

많은 이들은 신앙인이 되면 어디에 매인다고 생각하면서 신앙에 입문하기를 주저한다. 이를테면 주일 미사 의무에 매여서 일요일에 늦잠을 자거나 놀지 못해서 싫고, 십계명을 비롯한 여러 계명에 매여서 내가 원하는 대로 살지 못해서 번거롭고, 죄를 지으면 고해성사를 봐야 하는 의무감에 매여서 부담스럽다는 것이다. 이렇게 매여서 살 바에야 하고 싶은 것 다 해 보고 나중에 나이 들어서 세례를 받는 것이 더 낫지 않을까 하고 생각하는 이들도 적지 않다.

미숙한 신앙인은 교회의 규범을 귀찮고 부담스럽게 여기면서 속박으로 받아들인다. 반면에 신앙이 성장하면, 그런 규범은 신앙을 유지하고 키우는 데에 도움이 된다는 것을 알게 된다. 교통 신호가 때로는 귀찮고 번거롭지만, 그 신호 덕분에 차들이 뒤엉키지 않고 원활하게 움직일 수 있는 것과 같은 이치다.

신앙이 성숙하면, 불필요한 부담감에서 벗어날 수 있다. 그뿐 아니라 정말로 우리를 속박하는 것들에서 벗어날 수 있다. 그런 의미에서 참된 신앙은 참된 자유를 보장한다고 말할 수 있다. 이런 점에서 아브라함은 우리의 모범이 된다.

고향과 가족에 대한 애착에서의 자유

내가 태어나 성장한 고향은 든든한 울타리 같고, 나를 보살펴 준 가족과 친척은 포근한 보금자리와도 같다. 그래서 사람은 자기가 태어나고 자란 곳, 자신을 보살펴 준 이들을 아끼고 사랑한다. 하지만 자칫하면 거기에 매이게 된다. 그러면 좁은 시선으로 세상을 바라보면서 마음도 옹졸해지기 쉽다.

지금은 많이 나아졌지만, 아직도 사회 곳곳에 남아 있는 지방색은 고향에 대한 과도한 애착에서 생겨난 것이다. 많이 배운 사람도 지방을 가리는 편견에 사로잡혀 있는 경우가 있다. 혼인이나 취업을 할 때 특정 지방을 배제하는 잘못된 행태가 여전히 사람들의 마음에 피멍이 들게 한다.

예수님 역시 지방색의 피해자셨다. 그분은 이스라엘 북쪽 지역인 갈릴래아의 나자렛에서 자라나셨는데, 그 당시 기준으로 볼 때 갈릴래아는 천한 지역이었다. 이민족과 마주한 지역이었기에 부정을 타기 쉬웠기 때문이다. 그래서 나타나엘은 예수님을 소개하는 필립보에게 "나자렛에서 무슨 좋은 것이 나올 수 있겠소?"(요한 1,46)라고 냉소적으로 반응한다. 또 니코데모가 예수님을 옹호하는 듯한 발언을 하자 수석 사제와 바리사이들은 퉁명스럽게 대꾸한다.

> "당신도 갈릴래아 출신이란 말이요? 성경을 연구해 보시오. 갈릴래아에서는 예언자가 나지 않소."(요한 7,52)

그들은 지역에 대한 편견 때문에 그토록 고대하던 메시아가 오셨는데도 알아보지 못한 것이다.

사람이 고향과 가족과 친척에 매이면 결국 우물 안의 개구리처럼 더 큰 것을 보지 못하게 된다. 그러나 아브라함은 하느님의 명에 순종함으로써 고향과 가족에 대한 애착에서 벗어나 자유롭게 되어 더 넓은 세상을 체험한다.

참된 자유에 대한 대가는 고향과 가족에 대한 애착을 끊는 것이다. 예수님께서도 참된 자유를 누리기 위해 그런 대가를 치르셨다. 그래서 이렇게 말씀하신다.

"여우들도 굴이 있고 하늘의 새들도 보금자리가 있지만, 사람의 아들은 머리를 기댈 곳조차 없다."(마태 8,20)

미래에 대한 염려에서의 자유

사람은 자신의 미래에 대해 나름대로 계획을 세우고, 그 계획을 실현하기 위해서 부지런히 노력해야 한다. 그러나 거기에 너무 매여서는 곤란하다. 미래를 지나치게 걱정하면 모든 수단을 동원해 미리 준비하려고 애쓰게 된다. 미래를 준비하는 가장 일반적인 방법은 재산을 축적하는 것인데 그러자니 돈, 돈 하고, 돈에 집착하다가 돈의 노예가 되기도 한다. 아브라함은 미래를 하느님께 맡김으로써 재물의 노예가 되지 않았다. 그래서 롯과 자리다툼이 벌어졌을 때 좋은 몫을 선뜻 양보할 수 있었다.

지금 우리 사회에는 얼마나 많은 사람이 돈의 노예가 되어 살아가는지 모른다. 신자들도 하느님을 섬긴다면서 실제로는 돈을 신처럼 섬기는 경우가 많다. 돈의 위력은 실로 대단하다. 그런 만큼 돈이 하느님 자리를 차지하여 우상이 되기 쉽다. 그래서 예수님께서는 누구도 두 주인을 섬길 수 없다고 하시면서, "너희는 하느님과 재물을 함께 섬길 수 없다."(마태 6,24)라고 단호하게 말씀하신다.

예수님께서는 어떤 부자 청년에게 참된 자유를 누리려면 그가 소유한 재물을 모두 버리라고 하신다. 그 청년은 예수님을 찾아와서 영원한 생명을 얻기 위해서는 무엇을 해야 하느냐고 물으면서 둘 사이의 대화가 시작된다. 대화 끝에 예수님께서는 이렇게 말씀하신다.

> "네가 완전한 사람이 되려거든, 가서 너의 재산을 팔아 가난한 이들에게 주어라. 그러면 네가 하늘에서 보물을 차지하게 될 것이다. 그리고 와서 나를 따라라."(마태 19,21)

하지만 그 청년은 재산이 많았기 때문에 예수님의 부르심을 받아들이지 못하고 집으로 돌아간다. 예수님의 제자가 되려면, 자신의 미래를 하느님께 온전히 맡기고 소유까지도 포기할 각오를 해야 한다. 물론 이것은 어려운 결단이지만, 참된 자유라는 보물을 얻는 길이기도 하다.

자식에 대한 집착에서의 자유

사람은 자신이 소중하게 여기는 것일수록 거기에 마음이 쏠리기 쉽다. 아브라함에게는 이사악이 소중하기 이를 데 없었을 것이다. 75세부터 25년을 기다려서 백 살에 얻은 아들이니 그 아이에게 애착이 가는 것은 당연하다. 이런 강력한 자식 사랑은 자칫하면 집착으로 흐르기 쉽다. 사랑과 집착은 종이 한 장 차이라고 하지 않는가? 하지만 아브라함은 하느님 명령에 철저히 순종함으로써 아들에 대한 집착에서 벗어날 수 있었다.

요즘은 아이를 한두 명만 낳다 보니 모든 관심을 아이에게 쏟는다. 어떻게 하면 남보다 더 똑똑하게 키울 수 있을까 하는 경쟁 심리에서 아이가 유치원에 들어가기 전부터 부지런히 조기 교육을 시킨다. 초등학생들은 학교에서 돌아오자마자 과외를 하거나 학원에 가느라 놀거나 쉴 시간이 없다. 그 나이에는 또래 아이들과 함께 어울려 노는 것도 좋은 공부가 되는데 말이다.

부모로서 자식에게 관심과 사랑을 쏟는 것은 마땅한 일이다. 그러나 그것이 지나쳐서 집착에 이르면 오히려 자식을 망치기 쉽다. 안타깝게도 교사에게 자기 아이를 위한 특권과 예외를 요구하고 그것이 수용되지 않을 때 고발을 하거나 폭언은 물론 폭력까지 불사하는 부모들이 늘어난다. 2000년대 초 일본에서는 이런 부모를 '괴물 부모'라 불렀다고 한다. 과잉보호를 받으며 자란 아이는 결국 자기만 아는 사람이 되기 쉽고, 원만한 인간관계를 맺기 어렵다.

신앙인이 이런 세상에서 빛과 소금의 역할을 하려면, 하느님의 명령에 순종하여 외아들까지도 포기하려 했던 아브라함의 모습을 모범으로 삼아 자식에 대한 집착에서 벗어나는 길을 찾아야 한다. 자식은 부모의 몸을 통해 세상에 태어났지만, 부모의 소유가 아니라 궁극적으로는 하느님의 선물이다. 그렇다면 내 기대나 세상이 선호하는 바가 아니라 하느님의 뜻에 맞게 자식을 기르고 양육하는 것이 신앙인의 본분일 것이다.

이스라엘 백성에게는 맏아들은 하느님의 소유이기에 성전에 봉헌해야 한다는 규정이 있었다(탈출 13,2.12.15). 성모님도 이 규정대로 아기 예수님을 성전에 봉헌하셨다(루카 2,22-24). 어쩌면 이런 관습이 자식은 내 것이 아니라 하느님 것이라는 생각을 부모에게 심어 줘서 자식에 대한 집착에서 벗어나게 해 주는 것이 아닌가 싶다.

아브라함은 하느님 말씀에 순종함으로써 고향과 가족의 끈끈함에서, 미래에 대한 염려에서, 자식에 대한 집착에서 벗어나서 자유롭게 된다. 전적으로 하느님을 신뢰한 일이 속박에서 벗어나 자유를 누린 비결이었다.

자유란 이렇게 자신을 속박하는 것에서 벗어나는 것이다. 하지만 이런 것이 자유의 모든 면을 말해 주지는 않는다. 어디서 벗어난다는 것은 소극적 의미의 자유라고 할 수 있다. 진정한 자유는 보다 적극적 성격을 지닌다. 우리는 이런 적극적 자유를 예수님에게서 찾아볼 수 있다.

좋은 일을 할 수 있는 자유

마르코 복음서 3장 1-5절에는 예수님께서 안식일에 회당에서 한쪽 손이 오그라든 사람을 고쳐 주시는 이야기가 나온다. 이 이야기에서 예수님의 자유가 어떤 자유인지가 분명하게 드러난다. 당시에는 안식일에 병자를 치유하는 일이 엄격히 금지되었다. 일하지 말아야 하는 날에 일을 하는 것이기 때문이다. 그런데도 예수님께서는 병자 치유를 감행하셨다.

모세가 하느님께 받은 십계명의 세 번째 계명인 안식일 준수는 일주일에 한 번은 무조건 쉬라는 내용이다. 하느님께서는 당신 백성이 이집트에서 종살이하던 때처럼 일의 노예가 되지 않도록 안식일을 지키라고 하신 것이다.

> "너는 이집트 땅에서 종살이를 하였고, 주 너의 하느님이 강한 손과 뻗은 팔로 너를 그곳에서 이끌어 내었음을 기억하여라. 그 때문에 주 너의 하느님이 너에게 안식일을 지키라고 명령하는 것이다."(신명 5,15)

이렇게 볼 때 안식일 규정은 하느님께서 인간에게 주신 큰 선물이며 은총의 표지다.

하지만 바빌론 유배 이후에 이스라엘 백성의 정체성을 확고하게 하려고 안식일 규정을 강화하는 과정에서 문제가 생긴다. 안식일 계명의 본의미를 잊고 자구에 매달려 단지 일해서는 안 된다는 데에 집착하게 된 것이다. 그래서 안식일에 해서는 안 되는 것에 대해 세세하게 규정하여 목록을 만들어 놓았다.

이를테면 이스라엘 백성의 생활 전반에 관한 규정이 담긴 미쉬나Mishnah에 보면, 안식일에 해서는 안 되는 일로 무려 39가지가 열거된다. 여기에는 밭 갈기, 파종하기, 추수하기, 실잣기, 두 가닥 실로 길쌈하기, 글자 두 자를 쓰기, 불을 끄기, 어떤 물건을 옮겨 놓기, 병자 고치기 등이 속하였다. 안식일이 본래 의도대로 선과 생명에 보탬이 되지 못하고 정반대로 인간을 부자유스럽게 하는 굴레와 족쇄가 된 것이다.

예수님 활동 당시의 종교 지도자들은 안식일 규정이 잘 준수되는지를 감시하는 사람들을 곳곳에 파견하기도 했다. 그 감시자들이 예수님께서 병자를 고쳐 주신 회당에도 있었다.

"사람들은 예수님을 고발하려고, 그분께서 안식일에 그 사람을 고쳐 주시는지 지켜보고 있었다."(마르 3,2)

예수님께서는 이미 안식일에 시몬의 장모를 고쳐 주셨던 전력이 있었기 때문에(마르 1,29-31), 감사자들은 예수님을 더 주목해서 지켜보았던 것이다.

안식일 준수 계명을 어기면 일차적으로는 경고를 받고, 또다시 어기면 다시 한번 경고를 받는데, 세 번째에는 더 이상 경고 없이 돌로 쳐서 죽였다. 예수님께서는 이런 규정을 아셨을 텐데도 치유를 감행하신다. 우선 손이 오그라든 사람을 불러내어 가운데 세우신 다음에 주위 사람들에게 물으신다.

> "안식일에 좋은 일을 하는 것이 합당하냐? 남을 해치는 일을 하는 것이 합당하냐? 목숨을 구하는 것이 합당하냐? 죽이는 것이 합당하냐?"(마르 3,4)

예수님께서는 노기를 띠고 그들을 둘러보시고는 그들의 마음이 완고한 것을 몹시 슬퍼하셨다. 그분은 이 질문을 통해서 안식일의 근본정신은 좋은 일을 하는 데에, 사람을 살리는 데에 있다고 선언하신 것이다. 예수님께서는 이런 확신을 가지고 손이 오그라든 사람을 그 자리에서 고쳐 주신다.

이를 지켜본 바리사이파 사람들은 헤로데 당원들과 합심해서 예수님을 죽일 궁리를 한다. 안식일 규정에 따르면 안식일에는 생명이 위험한 경우에만 환자를 치료할 수 있는데,

손이 오그라든 사람의 치유는 이 조건에 해당하지 않았다. 그래서 율법에 철저했던 바리사이파 사람들은 예수님께서 의도적으로 율법을 어긴다고 판단하고 반감과 앙심을 품었던 것이다.

이렇게 볼 때 예수님의 자유는 단지 무엇에서 벗어나는 소극적인 의미의 자유가 아니라, 적극적인 자유다. 이 자유는 예수님께서 감시자들에게 던지셨던 질문의 표현대로 '좋은 일을 하는 자유', 혹은 '사람의 목숨을 구하는 자유'라고 부를 수 있다. 바로 이런 자유를 실현하기 위해 예수님께서는 목숨이 위협받는 것도 두려워하지 않으셨다.

그리스도교 신앙에서 진정한 자유란 예수님께서 몸소 실천하신 자유, 곧 좋은 일을 할 수 있는 자유다. 진정한 자유는 속박에서 벗어나는 것만으로 끝나지 않고, 자유로워진 손과 발, 마음과 정신으로 이웃을 위해 때로는 위험마저도 감수하면서 헌신할 때 가능하다. 이런 의미에서 사랑은 자유의 완성이라고 하겠다.

그래서 바오로 사도는 갈라티아 교회 신자들에게 다음과 같이 호소한다.

> "여러분은 자유롭게 되라고 부르심을 받았습니다. 다만 그 자유를 육을 위하는 구실로 삼지 마십시오. 오히려 사랑으로 서로 섬기십시오. 사실 모든 율법은 한 계명으로 요약됩니다. 곧 '네 이웃을 너 자신처럼 사랑하여라.' 하신 계명입니다."(갈라 5,13-14)

참된 자유는 속박에서 벗어나는 데에서 시작되고, 이웃 사랑에서 완성된다.

어떻게 하면 이런 자유를 누릴 수 있을까? 아브라함은 하느님께 모든 희망을 걸었기 때문에 온갖 속박에서 벗어날 수 있었다. 예수님께서는 아버지 하느님의 뜻에 귀를 기울이시면서 그분과 긴밀한 일치 속에 사셨기에 '좋은 일을 할 수 있는 자유'를 누리실 수 있었다. 우리 역시 하느님께 모든 희망을 걸고, 그분과 일치하여 살아간다면, 모든 속박에서 벗어나 이웃을 사랑하는 참된 자유를 맛볼 수 있을 것이다.

맺음말

"전능하신 천주 성부 천지의 창조주를 저는 믿나이다."

가톨릭 신자들이 매 주일 미사 때마다 고백하는 '사도 신경'의 첫 구절이다. 하느님께서 창조주시라는 믿음을 고백하는 것인데, 그 고백이 우리 삶에 주는 의미가 무엇일까? 신자들 대부분은 특별한 느낌이나 생각 없이 그 구절을 낭송하지 않을까 싶다.

이와 달리 이스라엘 백성은 역경에 처했을 때, 창조주 하느님에 대한 믿음이 자신들에게 실존적으로 얼마나 중요한지를 깨달았다. 무엇보다 창조 신앙은 바빌론 유배 중에 정치적·종교적 생존을 위해 고군분투하는 이스라엘 백성에게 구원에 대한 희망을 심어 주면서 확고하게 자리를 잡았다.

바빌론 제국의 침공으로 나라를 잃고 이민족의 땅으로 유배를 온 이스라엘 백성은 과거에 "강한 손과 뻗은 팔로"(시편 136,12) 자기 조상들을 이집트의 종살이에서 구해 주신 하느님에 대해 의구심을 품었을 것이다. 한때는 그런 큰 능력을 보여 주셨던 주님인데, 지금은 그분의 팔이 도로 거두어진 느낌을 떨쳐 버릴 수 없었기 때문이다.

이런 쇠망의 분위기를 가라앉히고자 사제계 문헌의 저자들은 창세기 1장의 창조 이야기를 저술하였다. 그들은 이 이야기를 통해 하느님께서는 원초의 혼돈과 허무의 무서운 힘들을 이겨 내셨다고 고백하면서, 종전의 구원자 하느님께서 여전히 살아 계신다고 힘차게 외쳤던 것이다.

창조주 하느님에 대한 믿음은 이스라엘 백성이 그리스인의 지배를 받을 때도 희망의 원천이 되었다. 그리스인 통치자 안티오코스 4세 에피파네스(기원전 175~164년 재위)는 이스라엘을 정치적으로만이 아니라 종교적으로도 탄압했다. 그 결과로 믿음을 지키려고 목숨을 내어놓은 순교자들이 속출했다. 이런 일을 당하면서 순교자들의 운명에 대해 생각할 수밖에 없었다.

그때까지 이스라엘 백성은 지상 생활 동안에 선행과 악행의 갚음을 받는다고 생각했다. 그런데 순교자의 운명은 이런 대답으로는 해결되지 않았다. 믿음을 지키느라 목숨까지 내놓은 사람들은 이미 죽었기 때문에 그들이 받아야 할 상급을 받을 길이 막힌 것이다. 그래서 정의로운 하느님께서 이들에게 어떻게 상급을 주실까 묻고 생각하게 되었고, 그 결과 부활 신앙이 싹트고 자라났다. 곧 하느님께서는 마지막 날에 죽은 모든 이를 다시 살려 내셔서 당신에게 신의를 지킨 사람에게는 영원한 생명을 주시고 악인은 영원한 수치를 당하게 하실 것이라고 믿게 된 것이다.

"땅 먼지 속에 잠든 사람들 가운데에서 많은 이가 깨어나 어떤 이들은 영원한 생명을 얻고 어떤 이들은 수치를, 영원한 치욕을 받으리라."(다니 12,2)

마카베오기 하권에는 이 부활 신앙을 생생히 증언하는 목소리가 전해진다. 그리스인들의 박해로 말미암아 고문을 받으면서 죽음을 앞둔 유다인 젊은이들에게 그 어머니는 하느님께 끝까지 충실할 것을 권고하며 이렇게 말한다.

"그러므로 사람이 생겨날 때 그를 빚어내시고 만

물이 생겨날 때 그것을 마련해 내신 온 세상의 창조주께서, 자비로이 너희에게 목숨과 생명을 다시 주실 것이다. 너희가 지금 그분의 법을 위하여 너희 자신을 하찮게 여겼기 때문이다."(2마카 7,23)

이렇게 볼 때 부활 신앙은 창조주 하느님에 대한 신앙에 뿌리를 두고 있음을 알 수 있다. 태초에 무의 세력을 이기신 하느님이라면 또 다른 무의 세력인 죽음도 극복하실 수 있는 분임을 믿고 희망하게 된 것이다. 무에서 세상과 만물을 만드신 창조주 하느님에 대한 믿음이 씨앗이 되어, 하느님께서는 당신을 위해 죽음까지 불사한 이들에게 새로운 생명을 주신다는 믿음으로 성장하게 된 것이다. 그러므로 "전능하신 천주 성부 천지의 창조주를 저는 믿나이다." 하고 시작된 '사도신경'이 "육신의 부활을 믿으며 영원한 삶을 믿나이다."라는 말로 끝나는 것은 당연한 귀결이다.

구약의 이스라엘 백성이 곤경에 처할 때마다 그들에게 희망을 주었던 창조 신앙에서 오늘날 우리도 희망을 얻을 수 있기를 바란다. 특별히 점점 더 힘하고 각박해지는 세상에서 미래에 대한 희망을 찾지 못해 힘겨워하는 젊은 세대에게 창조주 하느님에 대한 믿음이 희망의 근원이 되길 기원한다.

한 걸음 더 나아가서 아브라함이 그랬던 것처럼, 창조주 하느님에 대한 믿음으로 희망의 등불이 되어 절망과 낙담의 어둠이 가득한 곳을 비추는 이들이 좀 더 많아지면 좋겠다. 아담과 하와의 범죄 이후에 죄가 늘어났지만, 선도 늘어났듯이 '희망의 등불'을 밝히는 이들이 꾸준히 늘어나서 함께 힘을 모아 '희망의 등대'를 만든다면 더욱 좋을 것이다. 이 희망의 등불과 등대는 하늘나라를 향한 순례 여정을 걷는 이들의 발걸음을 비추는 빛이 될 테니 말이다.

바빌론 유배 시기에 집필된 제2이사야서의 저자가 창조 신앙을 강조하면서 바빌론에서 타향살이하던 동족을 위로했던 그 말이 오늘을 사는 모든 신앙인에게도 힘을 주는 말이 되기를 바라고 기원해 본다.

"주님은 영원하신 하느님 땅끝까지 창조하신 분이시다. 그분께서는 피곤한 줄도 지칠 줄도 모르시고 그분의 슬기는 헤아릴 길이 없다. 그분께서는 피곤한 이에게 힘을 주시고 기운이 없는 이에게 기력을 북돋아 주신다. 젊은이들도 피곤하여 지치고 청년들도 비틀거리기 마련이지만 주님께 바라는 이들은 새 힘을 얻고 독수리처럼 날개 치며 올라간다."(이사 40,28-31)

주

1. 장 콩비, 《세계 교회사 여행 2: 근대·현대편》, 노성기·이종혁 옮김, 가톨릭출판사, 2012, 146쪽.
2. 프랜시스 S. 콜린스, 《신의 언어》, 이창신 옮김, 김영사, 2009, 80쪽.
3. 위의 책, 80쪽.
4. 베네딕토 16세 교황, 《창조론》, 조한규 옮김, 가톨릭대학교출판부, 2024, 23쪽 참조.
5. 게르하르트 로핑크, 〈하느님의 창조는 공동체를 목표로 한다〉, 《생활성서》, 2018년 10월호, 7쪽 참조.
6. 《주석 성경》, 한국천주교주교회의, 2010, 1850쪽.
7. 마르틴 부버, 《인간의 길》, 장익 옮김, 분도출판사, 1977, 11-12쪽.
8. 잭 켄필드·마트 빅터 한센, 《마음을 열어주는 101가지 이야기 2》, 이레, 1996, 211-212쪽 참조.
9. 이현주, 《그래서 행복한, 신神의 작은 피리》, 생활성서사, 1999, 47쪽.
10. 《생활성서》, 1998년 11월호, 98쪽 참조.
11. 카를 라너, 《일상日常》, 분도출판사, 1980, 7쪽.
12. 소노 아야코, 《100년의 인생, 또 다른 날들의 시작》.
13. 마르틴 부버, 《인간의 길》, 장익 옮김, 분도출판사, 1977, 42쪽.
14. 《생활성서》, 1999년 3월호, 93쪽 참조.
15. 송봉모, 《미움이 그친 바로 그 순간》, 바오로딸, 2010, 37-55쪽 참조.
16. 한스 큉, 《세속 안에서의 자유: 토마스 모어》, 장익 옮김, 분도출판사, 1971, 58-67쪽 참조.